JN437049

G·L·O·B·A·L·B·U·S·I·N·E·S·S·S·M·A·R·T·M·A·N·U·A·L

개정판

글로벌 비즈니스맨을 위한 스마트매뉴얼

양기봉 · 임영세 공저

도서출판 두남

개정판을 내면서

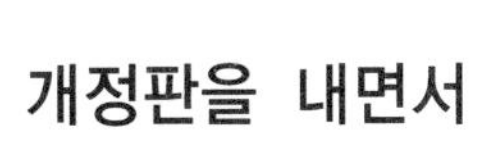

야심차게 책을 발간하였지만, 보면 볼수록 부끄러움을 금할 수 없었다. 내 딴에는 사회 초년병들에게 도움을 주고자 하였지만, 부실한 내용도 조금 있었고 자세하게 설명하지 못한 부분도 있어서 이제 초판을 발간한 지 3년이 되어 내용을 조금 보충하여 보았다.

우선, 수출 업무를 처음 접하는 초년병들이 사수들이나 선배들에게 묻고 싶지만 묻지 못하는 부분을 더 손을 보았다. 그래서, 수출 절차에 대한 설명을 추가하였고, 각 절차 별로 숙지하여야 할 실무 지식에 대하여 내용을 추가하였다.

그리고, 무역 업무 중에서 무엇보다도 계약을 체결하는 것이 중요하기 때문에 이번에는 내용을 좀 더 충실하게 보완하여 보았다. 무역 실무 책에 나오는 내용이기는 하지만 매번 책을 들여다 볼 상황이 아니다 보니 요약된 내용을 손에 들고 있는 것도 필요하리라 생각되어 비교적 자세하게 기술하였으니 많은 도움이 되기 바랄 뿐이다.

부족한 저를 응원하시면서 개정판을 준비하도록 격려하신 도서출판 두남의 이승구 상무님과 항상 옆에서 응원하는 전주대학교 임영세 교수, 그리고 개정판을 무사히 발간할 수 있도록 여러모로 많은 도움을 주신 도서출판 두남의 관계자들께 감사의 말씀을 전한다.

2015. 12월

양 기 봉

차 례

1 글로벌 국제 비즈니스맨의 기본 자세

자신의 활동 무대를 한국이 아닌 전 세계로 확장하여 새로운 시장에 도전하고자 결심을 한 여러분이 글로벌 비즈니스에 대한 열정과 투지로 시작하는 것은 매우 고무적이고 흥분되는 일이라고 할 수 있겠다. 또한, 다른 나라의 문화들을 접하면서 묘한 만족과 흥미를 맛보고자 미지의 세계에 뛰어드는 젊은이들의 모습을 보면 박수갈채를 보내고 싶고, 무역 전문가가 되어 자신이 속해 있는 회사는 물론, 한국의 위상을 더욱 드높일 수 있는 성과를 만들어 내는 모습을 떠올리면 계속 응원을 해주고 싶은 생각뿐이다.

그러나, 아무런 준비 없이 무역에 뛰어들면 어느 정도 성과는 올리겠지만, 기대에 못 미치는 성과에다 엄청난 피로로 인하여 좌절하면서 무역업무를 자신의 성격이나 능력에 맞지 않는 업무로 치부하고 다른 업종을 찾아 나서는 어려움을 겪을 수도 있다.

대부분의 무역업 종사자들이 초기에는 잘 모르고 시작하였다가 많은 시간이 흐른 후에 무릎을 치면서 깨닫는 것들이 많다고 해도 과언이 아니다. 그러면서 직장 후배들에게 자신이 배운 것을 전달하는 사람도 있겠지만 어쩌면 그러한 지식이나 경험들이 전달되지 않은 상태에서 은퇴하고 나면 후배들은 똑 같은 실수와 좌절을 맛보면서 계속 같은 실수들을 반복하게 되는 것이다.

따라서, 이러한 반복되는 실수를 막아보고자 하여 글로벌 비즈니스를 시작하는 사람들의 기본자세를 설명해 보고자 한다. 첫째는 탄력적인 사고를 가져야 한다는 것이고, 두 번째는 거래 상대방의 내면의 생각을 읽을 수 있는 능력을 키워야 한다는 것이다.

(1) 탄력적인 사고방식

우리가 세계 시장에 나가서 만나는 사람들 모두는 우리와 전혀 다른 문화 및 교육 환경 속에서 성장하였기 때문에 우리가 생각하는 것과는 전혀 다른 것을 생각할 수도 있고, 다르게 이해할 수도 있다

이러한 점에서 우리의 생각 또는 논리를 무조건 부정하는 것부터 시작하여야 한다. 우리가 만난 프랑스인이 태양은 세모라고 얘기하면, 겉으로만 긍정할 것이 아니고 우리의 마음속에서 세모가 맞는다고 함께 공감대를 이룰 정도로 자신의 상식을 수정할 수 있는 정도가 되어야 한다.

여러분은 이 정도야 얼마든지 가능하다고 웃을지 모르지만, 실제로 실수하는 경우가 많다고 할 수 있고 이로 인하여 좋은 성과를 내지 못하는 우를 범할 가능성도 매우 농후하다.

실제로 해외를 다녀 본 경험이 있는 사람들은 같이 어울리는 중에 예상하지 못하였던 반응에 놀랐던 경우가 매우 많았을 것이다. 특히 택시를 타고 가다가 타기 전에는 충분히 아는 것처럼 얘기하였던 택시기사가 엉뚱한 방향으로 가는 일이 발생하면 정말 난감한 일이 아닐 수 없다. 따라서, 항상 그러한 일이 발생할 것이라는 생각을 가지고 만나면 크게 실수하지 않을 수도 있으니 이 부분은 매우 중요하다고 할 수 있다.

한편, 이러한 탄력적인 사고는 해외 거래처와의 관계에서 물론 필요하지만, 회사 또는 조직 내에서도 필요하며 탄력적인 사고의 실패는 업무 추진의 지연은 물론이거니와 회사나 조직 내의 팀웍을 해치는 상황을 초래할 수도 있다.

그래서 먼저 회사 내에서 비탄력적인 사고로 인한 경험을 언급하고 해외 거래처에 대한 경험을 설명해 보겠다.

1) 회사 내에서의 실패 사례

"이젠 사표 내라!"

1997년에 필자는 중장비 사업부 중국팀장으로 근무하고 있었는데, 팀원은 모두 7명이었고 중국어가 능숙한 한국 직원 6명과 조선족 1명이 근무하고 있었다.

우리 팀에 근무하던 조선족 직원은 북경에서 태어나 중국 고등학교에서 교육을 받았고 길림성 장춘대학교를 졸업하여 중국 길림성 연길에서 성장한 다른 조선족과는 달리 어릴 때부터 한국어를 전혀 모르고 자란 친구였다.

북경에서 고등학교를 졸업하고 길림성 장춘대학교를 졸업한 후에 바로 한국으로 넘어와서 연세대 어학당에서 한국어를 8년간 배운 후 필자의 회사에 입사하였는데, 한국어를 상당히 잘하고 한국 직원들과도 농담을 스스럼없이 주고 받는 한국어 실력을 갖추고 있었다. 게다가, 한국에 와서 공부하던 중 만난 한국 여자와 결혼을 하여 겉으로 보기에는 한국어에 전혀 문제가 없었다.

어느 날 조선족 직원을 불러서 업무를 지시하였다. 급한 사안은 아니었고 일 처리에 어느 정도 시간이 필요하여 일단 빨리 완료하는 대로 보고서를 올리라고 지시하였다. 회사내의 대부분 팀장들은 업무 지시를 할 때 직원의 상황을 보고 대략 언제쯤 일을 마무리하여 보고서를 올릴 것이라고 감을 잡는다. 그래서 가끔은 기한을 정해주지 않고 업무를 지시할 때가 많다.

그래서 필자도 대략 1주일이면 보고서가 완성되리라고 예상하고 1주일을 기다렸는데, 예상했던 보고서가 올라오지 않았다. 그래서 조선족이니까 2~3일은 더 주어야 한다고 스스로 생각하고 좀 더 기다려 보기로 하였다. 그런데, 마음속으로 연장하여 준 날짜까지도 보고서가 올라오지 않았다. 여느 팀장들도 마찬가지지만 예상했던 날짜에 보고서가 올라오지 않으면 슬며시 부아가 나기 시작한다. 게다가 남들보다 날짜를 좀 더 주었는데 보고서가 마무리되지 않으면 속 좁은 팀장들은 더욱 화나게 마련이다.

참다 못해 조선족 직원을 불렀고 당연히 좋은 얘기가 나갈 리가 없었다. 첫 마디부터 큰 소리로 시작하여 야단을 먼저 친 후에 3일만 더 주면 마무리할 수 있냐고 했더니 필자의 야단치는 소리에 겁먹은 조선족 직원은 3일 내로 보고서를 올리겠다고 약속을 하고 자기 자리로 돌아갔다.

약속한 3일이 지난 후에 문제가 발생하였다. 아직도 보고서가 준비되지 않았다는 조선족 직원의 보고를 받고 드디어 폭발하고 말았다. 옆 부서 직원들까지 시끄러울 정도로 야단을 치면서 결국 "야! 이젠 사표 내고 집에 가라!"고 윽박지르고 필자 혼자 씩씩거리고 있었다.

어느 정도 화가 가라앉은 후에 한 직원이 드릴 말씀이 있다고 필자에게 조용한 장소로 가자고 제의하였다. 그 직원이 하는 얘기는 이러하였다. 조선족 직원이 한국어는 어느 정도 잘 하지만, 자라온 환경이 다르고 교육을 받은 내용이 다르다 보니 팀장님이 지시한 업무 내용을 처음부터 이해하지 못하여 지난 2주 동안 업무를 하나도 처리하지 못하고 전전 긍긍하다가 오늘 핵폭탄을 맞듯이 야단을 맞은 것이라고 설명하였습니다. 한국 직원들도 때로는 팀장님의 지시 사항을 이해하지 못할 때가 많은데 조선족 직원은 오죽했겠냐고 얘기하였다.

여기서 필자도 녹아지고 말았다. 이제까지 나 혼자 잘났다고 설치고 내 멋대로 회사 생활을 하였는데 내 말을 받아 주지 못한 직원들을 탓할 것이 아니라 직원들에게 이해할 수 있는 수준으로 업무 지시를 하지 못한 필자에게도 잘못이 컸던 것을 깨닫게 되었다.

지금 이 글을 읽는 여러분이 팀장급이면 한번 반성하여 볼 필요가 있고, 만약 팀원이거나 신입사원이라면 업무 지시를 받았을 때 업무지시가 이해되지 않으면 다시 한번 팀장께 여쭈어 보는 용기가 필요하다. 어쩌면 다시 여쭈어 볼 때 야단을 맞거나 창피할까 봐 그냥 대충 넘어가는 경우가 있다면, 그것은 결국 업무 진행에 있어서 지연시키는 요인이 될뿐더러 본인들의 사기는 물론 팀내 분위기에도 적지 않은 영향을 끼치게 된다는 것을 명심하기 바란다.

그래서 최근 몇 년 전부터 회사나 조직 내의 Communication 활성화를 위하여 여러 가지 조치를 취하고 있으나 개개인이 상대방의 이해 정도를 감안하는 자세가 필요한 것이다.

2) 비즈니스를 추진할 때

회사 또는 조직 내의 의사소통 단절이나 어려움은 인지하여 해소하면 되는데 해외 거래처와의 관계에서 문제가 발생하면 이것은 또 다른 문제가 된다. 단기적으로는 오더를 받지 못하는 낭패를 겪지만 어떤 경우에는 회사의 존폐 문제가 결정되기도 하는 상황이 발생할 수 있다. 비즈니스에서의 사례를 들어보기로 한다.

"중국은 토요일에 근무하지 않습니다."

2001년 필자가 ㈜일진에서 광케이블 수출 담당 임원으로 있었을 때의 일이다. 주초부터 종합상사를 통하여 중국 China Telecom과 광케이블 수출 협상을 진행하였다. 어느 정도 가격을 맞추어 주고 최종 오더를 기다리고 있었는데 금요일 오후 6시까지 회신이 없어 가격 유효 기일이 지났음을 종합상사에 통보하고 퇴근길에 올랐다. 6시 반경 종합상사로부터 다급하게 전화가 왔는데 가격을 Confirm하여 주면 다음날 오전에 계약을 할 수 있다고 하였는데, 다음날이면 토요일이었고 그때까지 필자의 경험으로는 중국에서 토요일에 근무하는 것은 있을 수 없다고 생각하여 월요일 오전에 얘기하자고 하고 전화를 끊고 주말을 보내었다.

그런데, 월요일 아침에 출근하자 난리가 났다. 종합상사에서 얘기한대로 실제로 China Telecom은 토요일 오전에 광케이블 구매를 확정하여야 했던 상황이었고, 필자를 믿고 있었던 종합상사는 금요일 저녁에 가격을 최종 확인하여 주지 않았던 필자 때문에 China Telecom향 오더를 놓친 것은 물론이거니와 향후 China Telecom과의 관계도 소원해지는 불이익을 받게 되었다.

한달 후 북경으로 출장을 가서 China Telecom의 구매 담당 팀장을 만났고 그 자리에서 40대 중년 여자였던 구매 담당 팀장으로부터 필자는 엄청나게 혼쭐이 난 경험이 있었다. 필자가 주로 중국에서 영업을 하던 시기가 1999년까지였고 2000년도에 들어서 중국이 변하고 있었다는 사실을 모르고 필자의 선입견으로 일 처리를 하다가 낭패를 보게 된 것이다.

"SONY vs. SAMSUNG"

일본의 SONY사는 중국 시장이 개방되기 훨씬 전부터 중국에 제품 광고를 하여 왔고, 그 덕분으로 중국인들에게는 SONY가 최고의 전자 제품으로 각인되게 되었다. 이에 대하여 미국의 거의 모든 경영학자들이 SONY사의 Marketing 전략에 대하여 앞다투어 소개하고 SONY사의 전략이 최고의 전략인 양 호들갑을 떨었다.

역시 예상한대로 중국시장이 개방되고 중국시장에서의 SONY 브랜드는 위력을 떨치게 되었다. 그 누구도 SONY의 아성을 무너뜨릴 자가 없다고 생각하였다

그런데, 중국 시장에 진출한 SAMSUNG이 불과 5년 만에 SONY사를 누르고 1위를 차지했을 때 자만심에 빠져 있던 SONY사가 당황하였음은 물론이거니와 그 동안 SONY의 MARKETING 전략을 최고라고 홍보하였던 미국의 경영학자들도 좌절을 맛

볼 수 밖에 없었다. 물론 그 이후에 자기네들의 이론을 수정한 것은 물론이다.

그 이후로 SAMSUNG은 중국은 물론 전 세계에서 SONY를 누르고 선두로 나서기 시작하였다. 가전제품은 물론 핸드폰 시장까지 석권하여 이제는 SAMSUNG이 한동안 1위를 유지하며 시장을 리드할 것으로 예상 했었으나 그러한 SAMSUNG에 일격을 가한 회사가 나타나게 되었다.

"SAMSUNG vs. APPLE"

중국에서는 물론이고 러시아 및 남미의 웬만한 국가에서는 삼성 핸드폰을 보유한 것이 하나의 DIGNITY로 여겨지게 되었다. 이젠 그 누구도 SAMSUNG을 누를 것 같지 않았던 상황에서 SAMSUNG에 일격을 가한 사람이 APPLE사의 스티브 잡스이다.

아무도 생각하지 못하였던 DIGITAL CONVERGENCE만이 살 길이라는 것을 간파한 스티브 잡스는 i-Phone을 출시하면서 시장 상황을 단번에 바꾸어 놓았고, 이제는 SAMSUNG이 그 뒤를 쫓아가기에 급급한 상황이 되었다.

10년 가까이 와신상담을 하면서 기회를 기다렸던 스티브 잡스처럼 DIGITAL CONVERGENCE를 생각할 수 있었던 사람은 아무도 없었다. DIGITAL시대에 모든 생태계가 바뀌어 가는 것을 간파한 그의 능력이 돋보이는 순간이었다.

제조업 기반의 SAMSUNG이 핸드폰을 기본으로 두고 다른 기능을 추가하는 작업을 하는 사이에 스티브 잡스는 PC에 핸드폰 기능을 추가하면서 SAMSUNG이 출시한 스마트폰인 옴니아Ⅱ를 무능하게 만들었고, 핸드폰 제조업 기반에 고정되었던 SAMSUNG은 APPLE의 약진에 쓴 맛을 볼 수밖에 없었던 것이다.

만약 SAMSUNG이 APPLE의 아성을 탈환하고 다시 1위의 위치로 복귀하면 타 경쟁사들이 느끼는 위기감은 어떨까? 어쩌면 이젠 모든 것을 인정하고 2위 내지 3위로 만족할 수 밖에 없는 LG나 팬텍 큐리텔의 전략은 어떻게 펼쳐질 것인 것?

또한, SAMSUNG이 1등을 하다가도 냉혹한 경쟁 시대에 언제 다시 추락할 지 아무도 모르는 일이다. 그래서, 삼성 그룹의 이건희 회장은 수시로 지금이 위기 상황임을 강조하면서 직원들의 정신 무장을 채찍질하고 있는 것이다.

국내 자동차 시장점유율이 80%에 육박하는 현대 기아 자동차의 아성은 그대로 유지될 것인가? 일본의 도요타 자동차 회장이 가장 부러워하는 회사인데 한국에서의 시장 점유율을 자신은 도저히 따라갈 자신이 없기 때문이라고 토로하였다. 그러나, 다음의 사례를 보면 현재 1등을 즐기고 있는 현대 기아 자동차의 시장 점유율에도 뭔가 변화가 있을 수 있음을 알 수 있을 것이다.

"17茶(차) vs. 혼합차"

국내 음료업계의 1위는 롯데 음료이다. 대부분의 소비자들은 이를 인식하지 못하고 음료수를 구매하지만 롯데 음료는 시장점유율이 80%에 다다르는 독보적인 음료업계의 1인자이다. 작년에는 경쟁사인 해태음료의 공장을 인수할 정도로 아무도 범접할 수 없는 음료 시장의 리더로 우뚝 서있다.

이러한 롯데 음료의 아성에 소리 없이 도전장을 내고 롯데 음료에게 일격을 가한 회사가 나타났다.

남양 유업에서 출시한 "17茶(차)"인데 일본의 "16茶(차)"에서 힌트를 얻어 "17茶(차)"를 출시하였는데 출시와 동시에 유명 탤런트 전 지현을 모델로 내세워 "17茶(차)"의 USP (Unique Selling Point, 강점)인 Diet를 전달하면서 갑자기 음료 판매 1위를 기록하였다.

이에 당황한 롯데 음료는 고민 끝에 혼합차라는 것을 출시하였는데 시장을 회복하기에는 역부족이었고 무수히 많은 광고비를 쏟아 부었지만 결국 완패하고 말았다. 롯데 음료가 분석 후 결론을 내린 완패의 가장 큰 요인은 우습게도 광고 모델인 전 지현이었다. 전 지현의 이미지를 꺾을 방법이 없었다는 것이다.

이 사례에서 시사하는 바는 아무리 강력한 1위 회사라고 하더라도 반드시 꺾일 수 있다는 것이다.

결국, 1위를 자랑하며 천하를 호령하던 회사들이 2위의 반격에 무릎을 꿇는 사례가 이제는 나타나기 시작한 것이다. 이러한 현상들은 우리의 사고의 폭을 좀 더 넓히면 충분히 가능할 수 있다는 것이고 그러한 기회들은 무수히 우리 앞에 놓여 있다는 것을 알고 싸움에 임하면 계속적으로 좋은 결과를 낳을 것이라고 생각한다.

(2) 상대방을 이해하는 능력

무역에 있어서 가장 어려운 것은 역시 적절한 바이어를 찾는 일이다. 일단 바이어를 찾아서 상담을 시작한다면 이미 절반의 진행을 하게 되는 것이다. 그래서 바이어 물색에 총력을 기울이게 되는 것이다.

그렇지만 단번에 우리가 바라는 바이어를 찾기도 쉽지 않고 일단 찾았다고 하더라도 우리가 원하는 만큼의 오더를 받아 내는 것도 쉽지는 않다. 결국 우리에게 진정으로 좋은 바이어를 찾을 때까지 여러 명의 회사들을 만나게 된다.

특히 전시회에서 수많은 사람들이 우리의 부스를 찾아오게 되는데 그 많은 방문자들 중에서 옥석을 가리기가 쉽지 않은 것이다. 어떤 경우에는 자신을 숨길 수도 있고, 어떤 경우에는 적절한 파트너가 될 수 없는데 우리를 오도하는 경우도 매우 많기 때문이다. 따라서, 처음 만나는 외국인과의 짧은 대화를 통하여 우리의 거래 당사자가 될 수 있는 지를 알아내는 능력이 절실하게 되는 것이다.

전시회에서 오랜 시간 부스를 지키다 보면 지치기도 하고 피곤하기도 해서 실제로 좋은 거래처가 등장해도 놓치는 수가 왕왕 있게 된다. 전시회뿐 아니라 어떠한 경로를 통하든지 간에 우리가 접촉하게 되는 회사들을 잘 분석하여 단 기간 내에 적절한 바이어를 찾아 가는 Knowhow를 익히는 것이 매우 중요하다.

1) 유통 구조 상의 위치 파악

이럴 때 우리에게 도움을 줄 수 있는 것은 먼저 우리가 취급하는 품목의 유통구조를 파악하는 일일 것이다. 만약 수출하고자 하는 제품의 거래처가 제조업체이면 접근 방법은 달라질 수 있다. 먼저 국내의 일반적인 유통 구조는 아래와 같다.

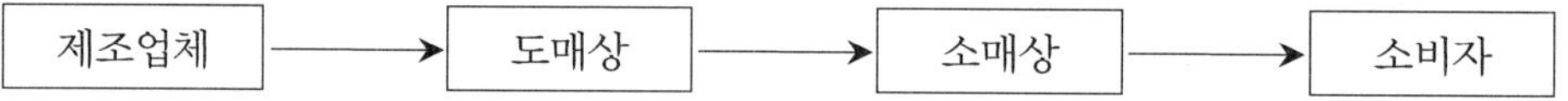

그런데 이 구조가 바다를 건너가면 바뀌게 되는 것이다.

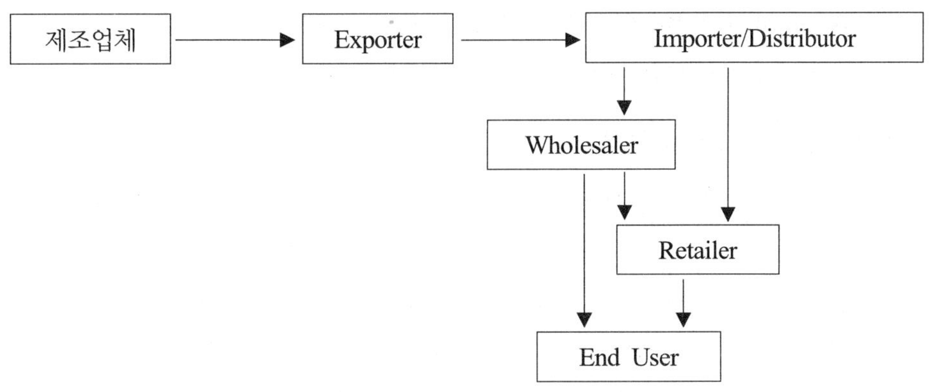

기본 적으로 해외에 있는 우리 거래처는 우리에게 신용장(Letter of Credit)을 개설해 줄 수 있는 회사여야 하는데 위 표에서는 Importer 또는 Distributor만이 신용장을 알고 개설할 수 있다. 그 외에 Wholesaler 또는 Retailer는 신용장을 취급하지도 않고 어떤 경우에는 신용장 자체를 알지 못하는 경우도 많다.

그래서 우리가 만나는 외국회사들이 위의 유통구조에서 어느 위치에 있는지를 파악하여야 한다. 그래야만 적절한 상담이 시작될 수 있는 것이다. 물론 Importer 또는 Distributor 대상자를 만나게 되면 대단한 행운이지만 그렇다고 Wholesaler 또는 Retailer를 만났다고 하더라도 낙심하지 말고 그들이 거래하는 Importer 또는 Distributor를 소개받도록 기지를 발휘하여야 한다.

실제로 필자가 Digital door Lock를 팔기 위하여 미국 Chicago에서 만난 Wholesaler로부터 Distributor를 소개받아 한동안 협상을 진행한 경험이 있다.

그리고 시장조사의 가장 좋은 방법은 실제 시장에서 판매에 관련되어 있는 Wholesaler 또는 Retailer의 의견을 듣는 것도 매우 중요한 일이다.

2) Business Style 파악

일단 우리의 거래처로서 적절한 파트너를 만나게 되면 그 다음에 진행할 일은 그 회사가 어떠한 방법으로 영업을 진행하는지를 파악하여야 한다.

역시 유통 구조상의 위치를 파악하되 End user까지의 단계를 점검하여야 한다. Wholesaler와 Retailer를 거쳐서 End User에게 제품을 공급하는지 아니면 직접 공급하는지를 파악할 필요가 있다.

3) Pricing Strategy 파악

유통 구조상의 위치와 Business 전개 방법이 파악되면 다음 단계로는 파트너사의 가격 정책을 파악할 필요가 있다. 우리로부터 제품을 수입하면 자국 내에 도착할 때의 가격(Landed Cost)으로부터 End User 가격을 어떠한 방법으로 산정하는 지를 파악하여야 한다. 이 과정에서 파트너사의 Margin 구조가 파악되는 것이고 Margin 구조로부터 파트너사의 사업 계획을 파악할 수 있는 것이다. 이 부분에서 파트너 사와 협상하는 우리의 능력이 필요한 부분이 있다.

먼저 파트너사의 회사 규모를 검토하여야 한다. 즉, 우리 제품 영업을 위한 조식의 규모를 보면 Overheads를 계산할 수 있고 제품 단위당 마진으로 Overheads를 나누면 최소로 판매하여야 하는 수량을 구할 수 있다.

그리고 나서 우리 제품의 시장 규모를 파악한 후 파트너 사가 확보할 수 있는 시장 점유율을 산정하고 나면 파트너 사가 우리 제품을 얼마나 구매할 수 있는지를 계산할 수가 있다.

실제적으로 필자가 필자의 대리점을 방문하여 보면 대리점의 Overheads가 계산이 되고, 그러면 자동적으로 필자의 제품을 얼마나 구매할 수 있는지를 파악할 수가 있다.

그러고 나면, 파트너사의 자금 여력을 점검하여 보고, 필자 제품의 구매 수량을 극대화하는 전략을 수립할 수가 있게 된다. 만약 파트너사의 영업 능력을 충분한데 자금력이 부족하여 구매 수량을 늘릴 수 없는 상황이 되면 Financing을 제공하거나 현지 법인을 설립하여 제품 재고를 제공하여 우리 제품 판매를 극대화하도록 파트너 사를 도와주는 전략이 필요하다.

그리하여 필자는 자금력이 부족하였던 대리점에 Financing을 제공하였는데 국가는 Russia, Turkey, Brazil, Hungary였고, 현지 법인을 설립하여 제품 재고를 보유하였던 국가는 Australia, Indonesia, Singapore, Taiwan이었다.

4) Sales의 정의

그렇다면, 독자들에게 한번 묻고 싶은 것은 "Sales"의 정의가 무엇이냐 하는 것이다. 많은 학생들과 직장인들에게 문의하였더니 거의 대부분이 자신의 제품을 파는 것이라고 대답을 하였다. 그러나, 그렇게 답을 하는 것은 정답이 아니라고 할 수 있다,

Sales를 정의할 때 판매자의 입장에서 판단하는 것이 아니라 구매자 입장에서 판단하여야 한다. 위의 유통 구조상의 위치를 파악하여 보았듯이 우리의 파트너는 우리의 제품을 구매하여 다음 단계에 있는 거래처에 재판매하면서 거기에서 마진을 취하는 것이다.

결국 우리의 파트너가 우리 제품을 다음 거래처에 잘 팔 수 있어야만 우리의 제품을 구매한다고 생각하면 결국 우리는 우리의 파트너가 우리의 제품을 잘 팔 수 있도록 도움을 주어야 하는 것이다. 따라서 Sales의 정의는 "우리의 구매자가 우리 제품을 구매하는 것을 도와주는 일"이라고 할 수 있다.

좀 더 학문적으로 정의한다면 "우리 제품의 구매자가 우리 제품의 구매를 통하여 Value 창출을 극대화할 수 있도록 도와주는 일"이라고 할 수 있다.

따라서, Sales의 정의를 제대로 이해한다면 우리가 어렵게 만난 바이어 후보사 들과 어떻게 협상을 진행하여야 하는지에 대하여 전략을 수립할 수 있을 것이다.

해외 영업을 담당한 직원들은 이상과 같은 기본자세를 갖추어야 제대로 된 파트너 사를 만날 수 있고, 또한 적절한 협상을 거쳐 좋은 성과를 얻을 수 있는 것이다.

성공하는 직장생활 TIP 1

한미 FTA에 배울 수 있는 두 가지 교훈

한미 FTA 체결과 관련하여 매우 시끄러운 상황이다. 아무리 토론을 해도 팽팽한 평행선이 서로 만날 기미가 보이지 않는다. 참 이상한 일이다. 한 가지 일을 두고 이렇게 서로 다른 의견을 주장할 수 있는 것이 신기할 따름이다. 누가 맞는지 혹은 잘하고 있는지 판단이 잘 서지 않는다. 여기에서는 한미 FTA의 공과를 논의하고자 하는 것이 아니고 한미 FTA 체결 추진 상황에서 우리가 배울 수 있는 교훈이 있어서 소개하고자 한다. 특히 직장 생활에서 적용할 수 있는 가르침을 얘기하여 보고자 한다.

1. 한미 FTA 체결의 당위성

(1) 2011년 10월 초, 이 명박 대통령의 방미를 앞두고 갑자기 미국 측은 한미 FTA를 승인하는 절차를 서둘렀다. 한미 FTA에 대한 상담은 이미 오래 전에 노무현 대통령 정권 때부터 시작되었으나, 2010년에는 미국산 소고기의 광우병 가능성이 제기되어 미국산 소고기에 대한 거부 시위가 큰 이야기 거리였고, 일각에서는 한미 FTA가 체결되려면 아직도 많은 시간 또는 추가 협상이 필요한 것으로 생각되었었다.

(2) 그런데, 그 동안 잠잠히 있던 양 국가가 느닷없이 FTA 체결을 추진하는 뜻밖의 결정을 내린 것이다. 그런데, 더 이상한 것은 양국이 동시에 한미 FTA 체결을 추진한다고 발표하였는데 한국측의 반대 양상이 과거와 다른 점들이 나타났다. 먼저, 농업계가 조용히 있고 반대하는 측의 주장이 거의 ISD(투자자 소송 제도)에 한정되어 있다는 점이다.

(3) 따라서, 양국이, 좀 더 자세히 말하자면, 미국이 서둘러서 한미 FTA를 체결하고자 하였던 의도를 파악하여야 할 필요가 있다. 한미 FTA 조항 중에 우리 측에게 불리하거나 양보를 많이 한 것으로 전해져 있는데, 사실 미국 측은 자기네가 더 많이 양보하였다고 하면서 부시대통령을 지금도 비난하는 사람들이 많다. 만약, 그게 사실이라면, 왜 미국은 그렇게 불리한 한미 FTA를 갑자기 적극적으로 추진하고 있는가?

(4) 미국이 갑자기 서두르게 된 배경에는 중국이 있었다. 중국은 전 세계에 대한 영향력을 높이는 노력을 그 동안 계속 하여 왔는데, 가장 최근에 발표한 아시아 지역에서의 중화 경제권(Great Chinese Economic Zone)이 바로 그것이다. 우선 아시아에서의 경제적 주도권을 확보한 후에 정치적 주도권도 잡아 보려는 의도라고 할 수 있다.

(5) 중국의 이러한 시도에 대하여 미국은 TPP도 추진하여 왔지만, 한미 FTA는 중국의 확장 전략을 막을 수 있는 적절한 무기라고 판단한 것이다. 그래서 불리하지만 한미 FTA를 서둘러서 진행하였던 것이다. 이러한 상황을 야당 세력들은 모두 알고 있었지만, 야권 통합을 앞두고 서로 목소리 키우기를 하면서 한미 FTA의 흠집 찾기에 급급하였던 것이다.

(6) 여하튼, 자신에게 불리하다고 판단한 한미 FTA를 그대로 수용하면서까지 승인하였던 미국의 입장에서 우리가 배울 점이 있다. 한미 FTA를 해외 Buyer와의 계약이라고 바꾸어 생각해 보면, 우리에게 시사하여 주는 점을 찾을 수 있다. 다시 얘기하면, 우리가 Buyer와 계약을 체결함에 있어서 물론, 수익이 발생되어야만 Buyer와의 계약 체결을 진행할 수 있는 것이다.

(7) 그런데, 여러분의 CEO들은 가끔 수익도 그다지 크지 않은 계약을 과감하게 결정하여 추진하는 것을 보게 될 것이다. 담당자의 입장에서는 전혀 수익성이 없어 추진할 가치가 없는 계약이나 Project를 CEO라는 사람들은 담당자들의 반대를 뿌리치고 진행하는 경우를

종종 보게 된다.

(8) 참고로, 과거 대우 김우중 회장이 중국 목단강에 있는 제지공장에의 투자 건을 결정하였는데, 그 당시 담당 본부장이 수익성을 분석하여 본 결과 투자 수익성이 좋지 않아 Joint Venture 추진을 반대하였다가 즉각적으로 해고된 사례가 있다. 동 제지공장은 계약 후 10년 동안 적자를 기록하다가, 중국내수의 종이 수요 급증에 따라, 투자 후 10년이 지난 현재 엄청난 수익을 올리고 있다.

(9) 따라서, Buyer와의 계약 체결이나 Project추진을 결정할 때에는 수익성을 물론 검토하여야 하지만, 종종 수익성이 아닌 전략적인 또는 정치적인 목적으로 결정될 수도 있는 것이다. 그래서 여러분들의 CEO 또는 Owner가 말도 안 되는 결정을 내릴 때에는 그러한 배경을 잘 파악하는 것이 중요한 것이다.

(10) 한미 FTA에서 양국이 서로 불리하거나 양보한 것이 많다고 주장하면서도 조속한 시일 내에 한미 FTA를 추진하는 것은 중국을 견제하기 위한 대의에 양국이 동의한 것이다. 마찬가지로 회사에서도 수익성이 없거나 리스크가 많은 사업 추진을 결정하는 배경에는 그 사업을 통하여 더 큰 부대 이익 또는 효과를 얻을 수 있기 때문이라는 것을 알아야 한다.

(11) 결국, 어떤 사업 추진을 결정할 때에는 사업 자체의 사업성은 물론 그 사업을 통하여 얻을 수 있는 부대 효과에 대한 분석을 잘 하여야 한다. 다시 얘기하면, 실무 담당자는 회사의 CEO 또는 Owner의 입장에서 사업성을 분석하는 것이 필요하고, 따라서 개별적인 사업성 분석은 물론 파급 또는 부대 효과에 대한 분석도 진행하여 함께 보고하는 것을 습관화하는 것이 직장 생활에서 성공하는 지름길이 될 수 있다.

2. ISD(투자자 소송 제도)

(1) 한미FTA 체결 협상에 대하여 반대하는 세력이 과거 미국산 광우병

소고기에 대한 시위보다는 약하지만 아직도 이명박정부를 괴롭혔었다. 물론 국민들을 위한다는 명분이지만 한미 FTA 반대 시위를 통하여 당내 입지를 높이려고 하거나 자신의 가치를 높이고자 목소리를 높이는 경향이 있어 보는 사람들로 하여금 씁쓸한 기분을 느끼게 한다.

(2) 그런데, 많은 조항 중에서 유독 ISD에 대하여 이의를 제기하고 ISD 조항 때문에 한국이 마치 절단 나는 것처럼 떠들어 대면서 여론 몰이를 하고 있는 인상을 깊게 느끼게 한다. 나라 전체를 휘둘러 대면서 미국산 소고기에 대하여 전국적인 시위를 주도하던 때를 돌이켜 보면, 정말 사소한 ISD만 물고 늘어지는 것이 매우 의아하다고 할 수 있다.

(3) 일단, ISD의 위험 여부에 대한 평가는 전문가들에게 맡기기로 하고, 반대의견 자들의 주장에서 우리가 배울 수 있는 점을 생각해 보기로 한다. ISD 조항은 간략히 소개하면, 정부의 정책으로 인하여 외국 투자자가 손해를 보게 되면 동 손해에 대하여 투자자의 국가에서 손해배상 절차를 진행할 수 있다는 내용이다.

(4) 반대의견 자들은 ISD 조항이 적용되면 우리가 결정적으로 불리하다고 주장하고 있는데, 이러한 점은 우리가 무역에서 Buyer들과 실제로 계약을 체결할 때 부딪히는 문제와 동일하다고 할 수 있다. 반대의견 자들이 주장하는 독소조항이 들어 있음에도 불구하고 한미 FTA를 추진하여야 하는 우리 정부의 입장이나 불리한 조건이 있음에도 Buyer와 계약을 체결하여야 하는 우리의 입장은 똑같다고 할 수 있다.

(5) 우리는 우리에게 전적으로 유리한 계약서를 작성하기를 희망하지만 그러한 일은 절대로 생기지 않는다고 봐야 한다. 결국, 다소 불리하지만 어쩔 수 없이 받아들이고 계약을 체결하여야 하는 결정을 내리는 상황이 우리에 닥치는 현실인 것이다. 왜냐하면 우리에게 불리하다고 해서 Buyer와의 계약을 물리치기 시작하면 회사의 앞날은 불

을 보듯 뻔한 일이 될 것이다.

(6) 그래서, 불리한 조항이 있거나 리스크가 있는 상황에서도 계약을 체결하여야 한다면 일단 계약을 체결하되 그러한 리스크를 관리할 수 있는 방안을 준비하여야 한다. 그러한 리스크 관리 방안을 준비할 수 없는 상황에서는 계약을 체결할 수 없지만, 일단 리스크를 최소화하기 위하여 치밀하게 협상을 진행하는 노력이 필요한 것이다

(7) 결론적으로, 한미 FTA에 포함되어 있는 ISD 조항에 대하여는 앞으로 국가적으로 그 조항에 따른 분쟁이 발생하지 않도록 사전에 준비를 하여야 하며, 따라서 같은 방법으로 실제 국제 무역 계약서에 담겨 있는 불리한 조건 또는 리스크가 있는 조건들에 대하여 그러한 상황이 발생하지 않도록 모든 절차를 관리하거나 발생 시 적절히 대응할 수 있는 방안을 준비하는 것이 이번 한미 FTA 협의 과정에서 우리가 배울 수 있는 교훈이라고 할 수 있다.

2 수출 절차와 각 절차 별 필요 실무 지식

(1) 수출 절차의 개요

수출업무를 처음 시작하는 초보자들을 위하여 수출의 절차를 설명하여 보고자 한다. 조금 경험이 있는 사람들은 자신이 이해하고 있는 지식을 한 번 정리하여 보는 것도 좋으리라 생각한다.

해외로 물품을 수출하고자 할 경우에는 그 절차를 요약하여 보면 아래의 4가지 단계를 거치게 된다.

1) 거래 준비 단계

- 상품 선정
- 해외 시장 조사
- 홍보물 제작
- 홍보 활동
- 거래선 발굴

2) 계약 성립 단계

- Offer 제시
- 협상 (Negotiation) 진행
- 계약 체결

3) 계약 이행 단계

- 신용장 접수
- 수출 승인 (Export License, E/L) 발급
- 제품 조달

- 선적 의뢰
- 수출 통관
- 보험 가입
- 대금 회수
- 관세 환급

4) 사후 관리 단계

- A/S 처리
- Claim 처리
- 법적 절차 진행

각 단계의 내용을 배우는 것도 중요하지만 각 단계별로 잘 이해하기 위한 실무 지식을 습득하는 것도 중요한 일이 될 것이다. 그래서 각 단계의 내용을 기술한 다음에 각 단계별로 필요한 실무 지식에 대하여 간단히 정리하여 보았다.

(2) 거래 준비 단계

1) 내용

① 상품 선정

수출 영업 또는 업무를 시작하려면 먼저 수출할 상품을 정하여야 한다. 회사에 입사하면 수출할 상품이 정해져 있지만 회사에서도 모든 제품을 수출하지 않고 때때로 수출할 제품을 고르는 작업을 하게 된다.

본인 스스로 무역회사를 창업하였을 경우에는 수출할 상품을 먼저 정하고 일을 시작하게 되는데 회사를 창업하고 상품을 찾는 것이 아니고 수출 유망 품목을 찾은 후에 회사를 창업하는 것이 절차일 것이다.

따라서, 수출 업무의 첫걸음은 수출 상품의 선정이라고 할 수 있다.

② 해외 시장 조사

수출하기로 결정한 상품이 잘 팔릴만한 국가를 찾는 것이 두 번째 업무가 될 것이다. 한국에서 잘 팔리는 품목이라고 해서 해외에서 반드시 잘 팔리는 것은 아니다. 오히려 시장이 전무한 품목들도 꽤 있는 것을 보면 수출 영업이라는 것이 그렇게 녹녹하지 않다는 것을 알 수 있다.

한국에서는 거의 성숙 단계로 들어선 Digital Door Lock의 경우, 해외에서는 거의 수요가 없는 것을 보고 놀란 적이 있었다.

그리고 최근에 선풍적인 인기를 끌고 있는 Black Box의 경우에는 러시아 외에는 판매되는 국가가 없는데, 그렇게 보면 각 국가의 문화나 시장의 특성이 매우 중요한 것이기 때문에 반드시 시장조사를 통하여 시장성을 판단한 후에 업무를 시작하여야 불필요한 노력과 시간을 줄일 수가 있다.

③ 홍보물 제작

수출할 상품이 결정되면 상품 홍보를 위한 홍보물을 제작하게 된다. 주로 Catalogue를 제작하는 것이 주요 과정인데, 비용문제로 다양한 형태의 홍보물을 제작하고 싶어도 어려움이 있을 수 있다.

Catalogue를 제대로 제작하면 1부당 제작비용이 높아지기 때문에 제작 수량에 한계가 있을 수 있다. 이럴 때 전시회에서도 많이 사용되는 것인데, 낱장 Leaflet을 제작해 두는 것도 매우 유용할 수가 있다.

인터넷 세상이 되면서, 전자 카탈로그를 많이 제작하는데 이를 홈페이지 등에 올리고 필요한 경우, 거래처에게 파일을 전송할 수 있는 준비를 하는 것이 필요하다.

④ Promotion

시장 조사가 끝나고 수출 대상 국가가 정하여 지면 본격적으로 홍보 활동을 시작하게 된다. 과거에는 유망 거래처를 찾게 되면 Circular Letter를 보내었는데, 지금은 이메일로 Circular Letter는 물론이고, 다양한 홍보 활동을 저렴한 비용으로 진행 할 수가 있는 세상이 되었다.

SNS를 비롯하여 각종 Trade Portal에 등록하여 많은 사람들에게 우리의 상품을 노출시키는 작업이 매우 중요한 것이다.

⑤ 거래선 발굴

해외 시장 조사를 하고 적절한 홍보물을 제작하여 홍보 활동을 진행하는 목적은 우리의 거래처를 찾기 위한 작업이라고 할 수 있다. 수출 업무에서 가장 어려운 부분이 바로 이 단계인데, 대상 거래선을 찾으면 업무의 절반이 이루어졌다고 할 수 있다.

지금은 인터넷 환경이 발달하여 아날로그 시대에 비하여 매우 편리하게 그리고 저렴한 비용으로 정보에 접근할 수 있게 되었지만, 쏟아지는 이메일 때문에 거의 모든 이메일을 스팸 처리하고 있어 이제는 이메일을 통한 거래선 접근이 매우 어려워 지고 있는 실정이다. 필자도 유럽 지역 건강식품 거래처를 찾기 위하여 일주일 동안 1,000통의 이메일을 발송하였지만 회신을 받은 것은 낭 1통뿐이었고 그것도 6개월이 지난 시점에서 접수한 것이었다.

그러다 보니 아직도 거래선 발굴에서 적중률이 높은 방법은 아날로그 방법이라고 생각합니다.

2) 필요 실무 지식

거래 준비 단계에서 필요한 실무 지식은 온라인 홍보 방법과 오프라인 홍보 방법이라고 할 수 있다.

• 온라인 홍보 방법

온라인 홍보 방법은 검색 엔진에 등록하는 방법과 무역 Portal Site에 등록하는 것, 그리고 Direct Mailing을 하는 방법 등이 있다. 일단 인터넷상에서 검색하는 경우가 많아지기 때문에 각종 Site에 쉽게 그리고 전면에 노출이 될 수 있는 방법을 찾아서 등록하는 기법을 습득하여야 한다.

Company Directory로서 KOMPASS를 활용하여 보는 것도 필요하고, ALIBABA와 같은 무역 Portal Site에 유료로 등록하는 것도 노출을 극대화하고 많은 거래처를 확보할 수 있는 기회가 될 수 있다.

● 오프라인 홍보 방법

오프라인 홍보 방법으로는 전통적으로 사용되는 방법인데, 해외지사 설립, 해외 전시회 참가, 통상사절단 파견 및 해외 잡지에 광고를 게재하는 방법이 있다.

a. 해외지사 설립

우선 해외 영업을 할 때 가장 좋은 방법은 진출하고자 하는 시장에 지사를 설립하여 전담 직원을 파견하는 것이다. 그래서 종합상사 또는 대기업들이 해외에 지사를 설립하는 것이 바로 그러한 이유 때문이다. 그런데 해외지사를 설립하고 주재원 1명을 파견하면 대체로 U$ 200,000.-이 필요하기 때문에 중소기업 입장에서 해외지사를 설립하기가 쉽지는 않다. 그래서 KOTRA, 상공회의소 그리고 지방자치단체에서 진행하는 해외 지사화 사업을 활용하면 저렴한 비용으로 활용하면 매우 저렴한 비용으로 좋은 효과를 거둘 수 있는 기회가 있다.

b. 해외 전시회 참가

두 번째로 필요한 홍보 방법은 해외 전시회 참가이다. 전통적으로 유럽과 미주에서는 새로운 상품을 항상 전시회를 통하여 소개하고 있고 모든 바이어들도 해외 전시회에서 신규 상품을 물색하는 것이 보편화 되어 있다. 그래서 각 품목별로 유럽과 미국에서 유명한 전시회가 하나씩 열리고 있다. 그래서 그러한 전시회에 참가하여 바이어들을 만나고 자신의 상품을 홍보하는 것이 매우 중요한 방법 중의 하나라고 할 수 있다. 품목별로는 중동 지역과 아시아 지역에서도 큰 전시회가 열리는 경우도 많으니 각자 맡은 품목의 전시회 개최 현황을 파악하여 참가하는 것을 준비하는 것이 매우 중요하다고 할 수 있다.

c. 통상 사절단

세 번째로 필요한 홍보 방법은 통상 사절단 파견이다. 유럽과 북미를 제외한 지역에서의 홍보 방법으로 활용되고 있는 것인 데, KOTRA와 지방자치단체가 연합하여 지역별로 10개 내지 20개 회사를 모집하여 3개 도시 정도를 방문하여 Hotel의 Conference Room에 상담 장소를 준비하고 그 지역의 Potential Buyer들을 Hotel로 초청하여 상담을 진행하는 것이다. 사전에 KOTRA측에서 Potential Buyer들의 명단을 제공하고 미리 검토한 다음,

가장 유력한 파트너가 될 회사들만 초청하여 각 도시에서 하루 종일 상담을 진행하는 것이다. 예상외로 초청된 회사들이 큰 관심을 가지고 매우 성실하게 호텔로 찾아오기 때문에 이러한 통상사절단을 통하여 좋은 파트너를 만나는 회사들이 상당히 많은 편이다.

통상사절단 계획은 연초에 확정되기 때문에 연초에 KOTRA와 지방자치단체 Site를 방문하여 관심 지역 및 파견 시기를 파악해 주는 것이 중요하다.

d. 기타 **해외잡지에 광고를 게재**하는 것인데, 일반 중소기업에서는 그다지 활용되고 있지 않다.

(3) 계약 성립 단계

1) 내용

우리가 보낸 Circular Letter를 보고 우리 제품에 대하여 흥미를 가진 회사가 우리 제품에 대하여 문의하는 것으로 계약 성립 단계가 시작된다. 일단 우리 제품에 대하여 문의하게 되는데 이것을 Inquiry라고 부른다. 그러면 우리가 받은 Inquiry에 대하여 우리의 공급 조건을 제시하게 되는데 이것을 **Offer**라고 부른다.

한번의 Offer로 마무리되는 것은 없고, 서로 조건을 주고받는 과정을 진행하게 된다. 이 단계를 **협상 (Negotiation) 단계**라고 할 수 있다. 양자가 자신들이 만족하는 조건들을 서로 맞추어 가는 과정이라고 할 수 있다.

그러다가, 양자의 의견이 합치되는 경우, **무역계약을 체결**하게 된다. 무역 계약을 체결하는 방법에 대하여는 10장에서 자세하게 설명하고 있다.

2) 필요 실무 지식

이 단계에서 알아두어야 할 무역 실무 지식은 Offer 작성을 위한 무역계약의 7대 기본 조건, 협상담당자가 숙지하여야 할 사항 그리고 계약서작성능력이라고 할 수 있다.

Offer 작성을 위한 무역 계약의 7대 기본 조건에는 품질 조건, 수량 조건, 가격 조건, 결제 조건, 선적 조건, 보험 조건, 포장 조건이 있다. 이 조건들은 Offer 작성 시 반드시 반영되어야 하는 사항 들이고 협상이 끝나고 계약을 체결할 때 그대로 반영될 뿐만 아니라 신용장이 개설될 때에도 반영되었는지 잘 검토하여야 하는 사항들이므로 이 사항들을 잘 숙지하는 것이 매우 중요하다.

협상담당자가 숙지하여야 할 사항은 아래와 같다.

- 상세한 제품명세서
- 제품의 기본 기능 및 특징
- 제시할 가격 (INCOTERM2010의 11가지 가격 조건)
- 가격협상 시 수용할 수 있는 최소 가격대(수입의 경우 최대 가격대)
- 대금결제 방법 및 시기
- 수량 별 납기 일정
- 적절한 샘플과 샘플 구입비용
- 자사의 기존거래처 및 거래실적
- 월간생산량
- 최소주문수량
- 경쟁사 제품과의 비교분석자료
- 제품의 Test Report 또는 (공인)인증서

무역 계약은 불요식 계약이기 때문에 성립되는 방법은 매우 다양하다. 그러나 양자 간에 분쟁이 발생하였을 때 효과적으로 마무리하기 위해서는 계약서를 작성하는 것이 필요하다. 따라서, 무역 담당자는 **무역계약서를 작성하는 능력**을 키워야 한다. 주로 영어로 작성하지만, 중국에 있는 거래처와 계약을 하는 경우, 계약서를 중국어로 작성하는 것이 필요할 수도 있다. 중국을 제외한 다른 국가들의 거래처들과는 영어로 계약서를 작성하면 된다. 따라서, 영어로 계약서를 작성하는 것이 필요하지만 영어에 자신이 없는 경우에는 계약서의 각 조항 별로 어떠한 내용을 작성하여야 하는지를 잘 알고 있어야 한다. 그러한 내용에 대하여는 10장에서 자세히 설명하고 있다.

(4) 계약 이행 단계

1) 내용

일단 무역 계약이 체결되면, 양자는 각자의 의무를 지게 되는데 계약서 상에 대금 결제 조건을 신용장 방식으로 결정하였다면, 계약 체결 후 가장 먼저 Action을 취하는 것이 Buyer라고 할 수 있다. Buyer가 신용장을 개설하고 신용장이 Seller에게 도착하였을 때 비로소 Seller는 다음 단계로 넘어가게 된다.

◎ 신용장 접수

기본적으로 신용장을 접수하여야 Seller는 안심하고 생산 또는 주문에 들어갈 수가 있다. 신용장 없이 진행하였다가 낭패를 보는 수가 있기 때문이다. 여러 번 거래를 하여 서로 믿는 관계가 되면 괜찮지만 첫 거래인데 신용장 없이 일을 진행하는 것은 위험이 따를 수가 있다. 선적일 맞추기 위하여 서두르는 경우가 간혹 있는데 신중하게 진행하여야 하는 부분이라고 할 수 있다.

◎ 수출 신고/승인 (E/L, Export License)

지금 한국에서는 없어진 제도인데, 상품을 수출할 때 승인 권한을 위임받은 외국환 은행으로부터 수출 승인을 받는 것이 필요하였었다. E/L제도를 운영하였던 이유는 선적 완료 후 물품 대금을 한국으로 들여오지 않고 해외에서 직접 받아서 외화 도피를 할 수 있는 여지를 없애기 위한 것이었다. 수출 후 물품 대금을 외화로 받은 후 이미 받았던 E/L에 Match시켜야 했고 이러한 업무를 E/L사후관리라고 하였었다. 외화가 부족한 시절에 시행하였던 것으로서 외화가 부족한 후진국들의 경우 이러한 제도를 실시하는 지를 잘 점검하여야 한다.

◎ 상품 조달

통상 자체 생산을 하든지 생산 공장에 주문을 하게 된다. 생산에 필요한 자재 중에서 일부는 수입할 수도 있는데 이 경우 가공품이 수출되면 수입 자재에 대한 수입 관세를 환급 받는 절차를 밟아야 한다.

◎ 선적 의뢰 (Shipping Request, S/R)

제품 준비가 완료될 시점에 선박회사와 협의하여 선박일정 등을 고려하여 선적할 준비를 하게 된다. 선적할 배와 일정이 합의되면 선박회사에 S/R을 보내주어야 한다. S/R은 자체적으로 만든 양식을 사용하여도 되고 선박회사의 양식을 사용하여도 된다.

◎ 보험 가입

해상운송 보험에 가입하는 것으로서 INCOTERMS2010에 명시된 가격 조건 중에서 CIF, CIP, DAT, DAP, DDP의 가격 조건일 경우, 보험을 가입하여야 한다.

◎ 수출 통관

세관에 수풀 물품의 수출 신고를 하는 절차인데 통상 지정된 관세사 사무소를 통하여 진행하게 되고 필요 서류만 전달하면 편하게 진행할 수 있다.

◎ 대금 회수

수출 절차 중에서 가장 중요한 부분이라고 할 수 있다. 신용장에서 명시한 선적서류를 잘 작성하여 은행에 제출하여 대금을 회수하게 된다. 초보자들의 경우, 오류가 많아 계속 서류가 반려되는 수가 종종 발생한다. 주의를 기울여야 하는 부분이라고 할 수 있다.

◎ 관세 환급

수출을 위하여 수입된 자재가 수입될 때 납부하였던 수입 관세를 환급 받는 절차이며, 이 부분도 잘 숙지하여야 환급금을 제대로 받아낼 수 있다.

2) 필요 실무 지식

많은 업무가 진행되는 단계이기 때문에 숙지할 지식이 많은 편이다.

• 신용장 검토 요령

a. Offer Sheet/계약서와의 일치 여부

계약서의 내용과 관계없이 신용장의 조건만으로 대금을 지급하기 때문에 신용장을 접수하면 Offer Sheet 또는 계약서 내용과 일치하는지 반드시 확인하여야 한다.

b. 오타 여부

신용장 개설 시 실수가 발생하는 수가 가끔 있는데, Business에 영향을 주는 심각한 오류는 반드시 수정 절차를 거처 고쳐야 한다.

c. 날짜 검토

신용장은 일단 개설되면 취소할 수 없는데 그래도 만기일 내에 대금을 회수하여야 하므로 신용장에 있는 날짜들을 잘 봐야 한다. 신용장을 받으면 확인할 일자들은 아래와 같다.

- 개설일
- 만기일
- 선적 만기일
- 서류 제출일

d. 독소 조항 검토

독소 조항은 신용장을 통하여 대금을 회수하는데 있어서 어려움을 주는 여러 가지 조건들을 일컫는다. 서류 작성 또는 서류 확보를 어렵게 하거나 서류 제출일이나 선적 만기일을 여유 없이 주는 경우들이 있다. 이러한 경우에는 반드시 수정 절차를 거쳐서 독소조항을 해소시켜야 한다.

• 선적 요령

a. 선박 일정 및 Space

선박회사와 협의하는 과정이다. 계약서상의 선적일자를 만족시키는 선박의 일정과 선적할 수 있는 Space가 있는지 확인하여야 한다.

b. 운임 협상

일정을 확정하면서 선박회사와 운임을 협상하는 방법을 잘 숙지하여야 한다.

c. 날짜 검토: 아래의 시간을 확인하여 Buyer에게 통지하여야 한다.

- ETD (Estimated Time for Departure, 출발예정시간)
- ETA (Estimated Time for Arrival. 도착 예정 시간)

보험 가입

해상 운송 보험의 부보 조건을 숙지하여야 한다. 통상 보험 Broker가 대행하여 주지만 일단 보험 Broker에게 적절한 조건으로 보험요율을 받아 오도록 지시할 줄 알아야 한다.

수출 통관

주로 지정 관세사가 업무를 대행하기 때문에 통관 절차를 모두 알아야 하는 것은 아니고 통관에 필요한 서류를 챙겨주는 요령을 알아야 한다.

선적 서류 작성

선적 대금을 회수하기 위하여 선적 서류를 작성하게 되는데 매우 중요한 과정이므로 특별히 숙지할 필요가 있다.

관세 환급

생산을 위하여 수입하였던 자재에 대하여 수출된 분량에 해당하는 수입관세를 환급 받는 것이므로 관세 환급 절차를 잘 파악하여야 한다. 특히, 가공 중에 소모되는 손모량에 대한 관세와 수분의 발생 등으로 수량의 변화가 일어나는 경우에 적용되는 소요량 또는 수율의 계산 등을 잘 숙지하여야 한다.

(5) 사후 관리 단계

1) 내용

물품을 선적하고 선적대금을 회수한 후에 진행되는 업무로서 통상 A/S, Claim처리, 법적절차진행이 있다.

◎ A/S

사후 서비스가 필요한 제품의 경우에는 After Sales Service를 진행하는 절차도 매우 중요하다.

◎ Claim처리

계약대로 생산한다고 하지만 가끔 어쩔 수 없는 상황으로 조금씩 달라지는 것 때문에 Claim이 걸리게 되면 그러한 Claim을 적절하게 대응하는 것이 매우 중요하다.

◎ 법적 절차 진행

상호간에 의견이 갈라서 협상의 단계를 거치지만 그래도 서로의 의견이 합치되지 않으면 법적인 방법으로 처리할 수밖에 없는 상황에 놓이게 된다.

2) 필요 실무 지식

A/S처리 절차와 Claim 처리 절차에 대한 회사의 규정을 잘 준비하여야 한다. 그리고, 국제 거래는 일반적인 소송의 절차를 거치면 너무 시간이 오래 걸리므로 중재 (Arbitration)을 통하여 처리하는 것이 보편화 되어 있으므로 중재를 진행하는 절차를 잘 알아야 하고, 법적인 절차를 준비하는 요령을 잘 숙지하여야 손해를 최소화 할 수 있다.

(6) 업무 담당 부서

1) 위에서 설명한 업무들을 진행하는 부서가 회사마다 명칭의 차이가 있

지만 일반적으로 무역부, 수출부, 해외영업부 등과 같은 명칭으로 불리게 된다. 그런데, 전체 업무를 진행하기에 무역 담당자가 능력에 부치는 경우도 많기 때문에 회사마다 일부 업무를 전문성이 있는 부서에서 전담하게 된다. 그렇게 분담하는 부서는 아래와 같다.

2) 홍보부/팀

제품을 소개하는 카탈로그 제작 업무를 담당하며, 필요 시 대외 홍보 또는 광고 업무를 담당한다.

3) 전산실

회사 홈페이지 구축 및 제품의 e-Catalogue 작성 업무를 담당하며 업무의 전산화 작업을 담당하게 된다.

4) 기술팀

A/S와 Claim에 관련된 모든 업무를 전담하게 된다.

5) 영업관리 팀

계약 이행 단계의 업무는 해외로부터 오더를 받은 후에 진행되는 업무로서 비교적 정형화되어 있는 업무이고, 또 계속 반복되는 업무이기 때문에 별도의 침을 구축하여 전담시키기도 한다. 그러한 부서의 명칭에는 '관리'라는 명칭을 붙이게 된다. 반복되는 업무를 통하여 정확하게 그리고 신속하게 일을 처리할 수 있는 Knowhow를 가질 수가 있게 된다.

6) 법무팀

먼저 계약서를 작성할 때 영업 담당자가 법적인 지식이 부족할 수 있어 계약서가 불완전하게 될 수 있으므로 법무 팀에서 법적인 의견을 제공하도록 준비하여야 한다. 그리고, 법적 절차를 진행 할 필요가 있을 때 역시 법적 지식을 가진 직원의 도움을 받아야 한다. 그래서 회사마다 별도의 법무 팀을 준비하여 법적인 문제도 모두 도움을 줄 수 있게 하여야 한다.

성공하는 직장생활 TIP 2

리더십의 정의 및 특성

1. 리더십의 정의

"사회적 단위에서 지도자가 추종자에게 영향을 미쳐 공동의 목표를 달성하도록 자발적으로 행동하게 하는 기술이나 과정"

2. 리더십의 특성

(1) 지도자와 추종자의 관계에서 나타나는 현상이며, 추종자가 없는 경우에는 나타나지 않는다.
(2) 사회적 단위에서 발견할 수 있는 현상으로서 조직 단위가 아닌 곳에서는 역시 나타나지 않는다.
(3) 공동의 목표를 달성하는데 기여하도록 영향을 주는 기술이나 과정
(4) 추종자의 자발적인 행동이 전제되어 있는 것이다.

3 편지 및 이메일 작성 시의 매너

(1) 편지 형식 선택

1) 요즘에는 편지대신 이메일을 워낙 많이 사용하기 때문에 편지를 작성할 기회가 별로 없지만, 어쩌다 편지를 작성하게 되면 편지를 받는 상대방이 누구냐에 따라 미국식으로 작성할 지 영국식으로 작성할 지를 정하여야 한다.
2) 만약 서로 바꾸어 작성한다 하더라도 크게 문제가 되지는 않지만 상대방에게 주는 느낌은 다르다.

3) 미국식의 특징

- 날짜와 Reference Number를 편지의 상단 우측에 기재
- 날짜는 Month-Date-Year의 순으로 작성 (예; June 15, 2010)
- 첫 문장을 시작할 때 3칸 내지 5칸을 들여서 작성
- 결미어 (Complementary Close, Very truly yours)는 편지의 중간 쯤에 작성
- 서명(Signature)는 결미어에서 2~3라인 아래에 작성하되 결미어와 같은 라인에 위치함.

4) 영국식의 특징

- 미국식은 날짜와 Reference Number를 편지의 상단 우측에 기재하는데 영국식은 모두 왼쪽 첫 라인에 맞추어 작성
- 날짜는 Date-Month-Year의 순으로 작성 (예; 15 June, 2010)
- 미국식은 첫 문장을 시작할 때 3칸 내지 5칸을 들여서 작성하는데 비하여 영국식은 들여 쓰지 않고 왼쪽 첫 라인부터 작성

- 미국식은 결미어 (Complementary Close, Very truly yours)는 편지의 중간쯤에 작성하지만, 영국식은 왼쪽 첫 라인에 작성
- 서명(Signature)도 미국식과 달리 왼쪽 첫 라인에 작성하되 결미어에서 2~3라인 아래에 작성

5) 작성 예제

- 미국식

Letterhead

The Comption Company	June 15, 2010
(Address)	Our Ref. No. : 100601

Attn: Mr. S. Brown

Subj: MP3 Player

Dear sir,

We are pleased to introduce ourselves as one of the trading companies in Korea.

We have obtained your name from Googe.com.

--

--

--

Very truly yours,

____

Kevin Kim

Managing Director

◎ 영국식

Letterhead

---

15 June, 2010

Our Ref No. : 10601

The Comption Company

(Address)

Attn: Mr. S. Brown

Subj: MP3 Player

Dear sir,

We are pleased to introduce ourselves as one of the trading companies in Korea.

We have obtained your name from Googe.com.

Very truly yours,

Kevin Kim

Managing Director

(2) 격에 맞는 정중한 언어

1) 무역영어에서는 당연히 상대방에게 예의를 갖추어 정중하게 작성하여야 한다. 간혹 무례하거나 무성의하게 작성하는 상대방도 있지만 우리는 절대로 그러한 인상을 주지 말아야 한다. 특히 제품을 팔아야 하는 입장에서는 더욱 그렇다.

2) 따라서, 거래 상대방이 매우 큰 회사라면 진정으로 예를 다하여 정중한 표현을 쓰도록 하여야 하나, 상대방이 그다지 큰 회사도 아닌데 그러한 정중한 표현을 사용하면 또 웃음거리가 될 가능성도 있다.
3) 그래서, 상대방의 규모나 중요성에 따라 정중함의 정도를 결정하여 그에 알맞은 표현을 찾아서 작성하여야 한다.
4) 특히, 여러 번 이메일을 주고받으면서 조금 친해지면 편한 표현들을 사용하는 경우가 종종 있는데 그럴 때 같은 격으로 작성하여 주어야 한다.
5) 서두 인사(Salutation)에 그러한 경향이 많은데, 예를 들면 처음에 편지나 이메일을 작성할 때 주로 사용하는 서두인사는 "Dear sir,"인데, 가까운 사이가 되면, Dear 다음에 First Name을 쓰게 된다. 그러면 답장을 보내는 우리도 상대방의 First Name을 써주되, 맨 밑에 쓴 우리의 이름도 First Name을 적어주어야만 서로 격이 맞는 것이다. 서두인사에는 First Name을 쓰고 밑에 자신의 Full Name을 쓰게 되면, 우스운 모양이 된다.
6) 그러다가 좀 더 친해지면, "Dear (first name)," 대신에 "Hello (first name),"으로 작성하게 된다. First Name을 부르는 것이 익숙하지 않은 우리로서는 상대방이 First Name을 쓰거나 부르게 되면 다소 당황스러운 면이 없지 않아 있지만 이러한 것을 자연스럽게 받아들이는 노력을 하여야 한다.

(3) 자기를 먼저 소개 (특히 회사명)

1) Circulation Letter를 보낼 때 물론 Letterhead지에 작성을 하므로 Circulation Letter를 받은 사람들이 어느 회사에서 보내는 것인지 알 수도 있지만, Letterhead를 안보고 Circulation Letter를 보는 사람들도 많기 때문에 Circulation Letter를 보내는 회사의 이름을 문장 안에 삽입하는 것이 매우 중요하다.
2) 특히, 이메일로 회사를 소개할 경우에는 회사명을 알아볼 수 있는 것

이 많지 않기 때문에 이메일로 Circulation Letter를 보낼 때에는 보내는 회사의 이름을 앞부분에 기재하여야 우리가 보낸 Letter를 읽는 상대방이 우리 회사를 쉽게 파악할 수가 있다.

3) 예를 들면, "We are one of the trading companies in Korea."라고 작성할 때, "We"다음에 콤마를 찍고 회사명을 표기하는 것이 좋다. 그러면 다음과 같이 될 것이다. "We, GCC Co., Ltd. in Korea, are one of the trading companies in Korea."
4) 또한, 회사명 뒤에 "in Korea"를 삽입하여 우리가 한국 회사임을 미리 밝혀두는 것도 매우 좋은 방법이다.
5) Circulation Letter를 읽어 보고 답장을 보낸 상대방에게는 다시 우리 회사명을 기재할 필요는 없다.

(4) 제목을 반드시 참조

1) 우선 Circulation Letter를 작성할 때 제목을 잘 붙여야 Circulation Letter를 받는 사람들이 한번도 읽어 주지 않을 수 있다는 점을 감안하여 한번에 상대방의 흥미를 끌 수 있는 제목을 적어야 한다.
2) 그리고, Circulation Letter를 보내는 목적을 설명할 때에도 제목을 참조하여야 우리의 Circulation Letter를 읽어주는 상대방이 Circulation Letter의 목적을 쉽게 이해할 수 있는 것이다.

(5) 답장을 보낼 때의 주의 사항

1) 상대방이 보내 온 편지나 이메일에 대하여 답변을 보낼 때에는 반드시 상대방의 특정 편지나 이메일을 지정하여 참조한 후 그에 대한 답변을 보내야 한다.
2) 이메일의 경우 앞서 주고받은 이메일을 계속 붙여서 주고받게 되는데 물론 주로 바로 밑의 이메일을 참조하지만 그래도 답변을 보내는 이메일이 어느 것인지 재확인시켜 주는 것이 예의라고 할 수 있겠다.
3) 상대방의 이메일을 지정할 경우에는 주로 날짜를 적되, 편지의 경우

에는 날짜 및 참조번호를 적는 것이 바람직하다. 물론 제목 또는 주요 화제(Topic)이나 과제를 병기하는 것도 더욱 도움이 된다.

(6) 읽어보는 상대방의 입장에서 작성

1) 앞에서 기본자세에서도 언급하였지만, 항상 상대방의 입장을 고려하여야 한다. 상대방이 어떻게 이해하는 지를 감안하여 작성하여야 한다는 뜻이다.
2) 무심코 편지나 이메일을 작성하다 보면 자신의 기준에서 작성하는 경우가 많다. 무엇보다도 제품을 소개할 때 소개하는 자신은 매우 잘 이해하고 있지만 상대방에게는 매우 생소한 것이 될 수 있으므로 상대방의 지식수준에 맞추어 작성하는 것이 필요하다.
3) 이 부분에서 상당히 많은 실수를 하게 되는데 편지나 이메일을 작성한 후 한번 더 상대방이 어떻게 이해할 지를 상대방의 입장에서 다시 읽어보는 노력이 필요하다.

(7) 자세한 정보 제공 (분량이 많을 때에는 첨부 서류)

1) Circulation Letter를 발송할 때에는 물론이고, 예상 거래처로부터 제품에 대한 문의가 왔을 때 가능하면 자세한 자료를 보내주는 것이 좋다. 특히, 한 번에 우리가 소개하는 제품을 이해할 수 있도록 충분한 정보를 제공하여야 하고, 가능하면 질문이 나오지 않도록 하여야 한다.
2) 그리고, 먼저 Circulation Letter에 제품 소개 내용이 들어가면 좋다. 그러나 우리가 소개할 제품 정보의 분량이 많을 경우에는 Circulation Letter에 기재하는 것이 의사소통을 방해하는 수도 있다. 이러한 경우에는 Letter에는 가장 중요한 핵심 부분만 언급하고 나머지 정보는 첨부 서류로 처리하는 것이 좋다. 물론 상대방이 보내온 질문에 대하여도 같이 적용할 수가 있다.

(8) 끝맺을 때

1) 궁금한 사항 문의

- Circulation Letter를 보낼 때에는 물론이고, 상대방이 보낸 질문에 대하여 답장을 보낼 때에도 우리가 보낸 내용을 잘 검토하여 의견을 달라고 요청한 후에,
- 상대방이 원하는 자료를 가능하면 모두 보내지만, 혹시라도 빠져 있거나 더 필요한 사항이 있으면 연락을 달라고 다시 한 번 기재하는 것이 상대방에게 우리의 Service가 매우 좋음을 나타낼 수 있는 방법이다.
- 이러한 사항을 영문으로 작성하면 아래와 같다.

  Please review the information hereinabove and attached herewith and give us your opinion.

  If you have any query or need further information please contact us.

2) 회신을 기대한다는 언급

- 편지나 이메일을 보내면 반드시 회신을 기대한다는 말을 해야 한다. 그래야만 상대방이 우리가 장난삼아 보내는 것이 아님을 인식하게 된다.
- 물론 해외 바이어들 중에는 이러한 문구를 기재하지 않는 경우도 있지만 적어도 제품을 판매해야 하는 우리는 이러한 예의는 반드시 지켜야 한다.

(9) 서명 및 인장

1) 편지의 경우에는 반드시 서명을 해서 보내야 한다. 이메일의 경우에는 서명도 어려운 상황이다.
2) 편지에 서명을 한 후에 회사 인장을 날인하는 것을 요구하는 파트너도 있다. 특히 중국에서는 회사의 인장 날인을 편지 유효 조건으로 간주하는 경우도 많다.

3) 상대방의 관행을 잘 파악하여 적절히 대응하는 것이 필요하다.

(10) 간략한 어체 à 단락

1) 편지든 이메일이든 문장은 가능하면 간단하게 또는 간략하게 표현하는 것이 우리의 편지를 읽어보는 상대방을 피로하게 하지 않는 방법이다.
2) 문장이 길어지는 경우에는 가능하면 4줄을 초과하지 않도록 문단을 나누고, 문단과 문단 사이를 한 줄씩 띄는 것이 매우 중요하다.
3) 필요한 경우 중요 단어는 굵은 글씨에 밑줄을 치거나 Color를 달리하는 것이 필요하고 이 경우 우리의 Letter를 읽어 보는 상대방이 쉽게 우리의 의도를 파악할 수 있기 때문이다.
4) 우리의 Circulation Letter를 읽어 주는 사람이 거의 없기 때문에 상대방이 쉽게 우리의 편지를 들여다 볼 수 있도록 편지난 이메일을 작성하여야 한다.

(11) 영문 편지 작성 예제

1) 영어로 편지를 작성하거나 이메일을 보낼 때에는 물론 영어 실력이 있어야 하지만 영어 실력이 짧은 경우에도 작성할 수 있는 것이 무역 영어의 특징이다. 왜냐하면, 무역 영어에는 일정 양식과 주로 사용되는 단어들이 있기 때문이다. 그래서, 편지 형식과 주로 사용되는 문구들을 잘 익혀두면 영문 편지나 영문 이메일에 대한 두려움을 없앨 수 있다. 아래의 작성 예제를 잘 익히면 어느 정도 그러한 두려움을 극복할 수 있으리라 생각한다.
2) 편지의 서두에는 아래 사항을 기재하여야 한다.
   - Company Name과 Address
   - Date와 Reference Number
   - 수신인 (Attention)
   - 제목(Subject)

3) 이메일의 경우에는 서두는 양식에 있는 대로 작성하면 된다.

4) 수신인의 경우, 일반적으로 “Attn:”으로 표시하는데 중요한 사안의 경우에는 수신인을 강조하기 위하여 아래와 같이 표기하기도 한다.

“For the kind attention of (Name or Title)”

5) 제목의 경우, 한눈에 알아 볼 수 있거나 흥미를 유발시킬 수 있는 것으로 표기하되 편지의 경우 가운데에 표기하면서 굵은 글씨 및 밑줄로 처리하면 쉽게 눈에 띄게 할 수 있다. 특히 처음 우리의 제품을 소개하는 Circulation Letter의 경우 읽어주는 사람이 거의 없다는 점을 감안하면, 꼭 읽어주도록 흥미를 유발하는 내용의 제목과 한눈에 알아 볼 수 있도록 제목을 달아주는 것이 매우 중요하다 할 수 있다.

Subj : MP3 Player

6) 무역 업무를 진행하면서 편지를 작성하는 경우는 두 가지로 요약할 수 있다. 상대방이 보내온 편지에 대하여 답장을 보내는 것이고, 또 하나는 나를 모르는 불특정 다수에게 내 제품과 회사를 소개하는 Circular Letter를 보내는 경우이다.

7) 상대방의 편지 또는 이메일에 대하여 답장을 작성하는 경우에는 아래의 문장중의 하나로 편지를 시작하면 된다. 그리고, 상대방이 문의하여 온 사항에 대하여 답변을 보내면 된다.

- Much thanks for your inquiry of March 05, 20__ for ~~ and we hope to answer as follows ;
- With regard to your inquiry dated March 05 20__, we are pleased to reply as follows ;
- We really appreciate your inquiry of March 05 20__ asking us for ~~ and would like to answer as follows ;
- We hereby acknowledge receipt of your inquiry dated March 05 20__ and we are glad to respond as follows ;
- We received your counter offer requesting us to ~~ and hope to

answer as follows ;

- We would like to refer to your letter or e-mail dated March 05 20__ for the subject and wish to reply as follows ;

8) 그리고 답장을 마무리할 때 아래와 같은 Circular Letter의 예제를 사용하여도 무방하고 답장을 보낼 때마다 써도 되지만 하루에도 여러 번 이메일을 주고받을 때에는 적절하게 생략하는 것도 필요하다.

- 보내드린 자료를 잘 검토하시어 귀사의 의견을 주시기 바랍니다.

문의한 것에 대한 자료만 던져주는 것이 대수가 아니라 뭔가 검토 의견을 받는 것이 목표이기 때문에 물론 자료를 보고 의견을 보내주는 경우가 많지만 그래도 반드시 답변 자료를 검토한 후에 의견을 보내달라고 작성하는 것이 필요하다.

- 혹시 궁금한 점이 있거나 추가로 정보가 필요하시면 연락하여 주시기 바랍니다.

물론 당연히 질문이 있거나 추가 자료가 필요하면 연락을 하겠지만 그래도 친절하게 문의하는 것이 매우 중요하다.

- 귀사의 회신을 기대합니다.

편지를 보내거나 이메일을 보낼 때에는 회신을 기대한다는 것을 표현해 주어야 상대방이 다소 답변에 대한 의무감을 느끼게 되므로 반드시 이 문장을 삽입하여야 합니다.

9) 이제부터는 Circulation Letter를 작성하는 것을 설명하고자 한다. Circular Letter를 작성할 때 먼저 써야 하는 문장은 물론 자신을 소개하는 것이다. 먼저 자신이 무역회사라는 것을 소개하는 문장의 예를 작성하여 보겠다.

- 우리는 한국에 있는 무역회사이다.

\- We are the trading company in Korea.

이렇게 작성하면 문법상으로도 문맥상으로도 틀렸다고 할 수 있다. 그래서 아래와 같이 작성하여야 한다.

- We are one of the trading companies in Korea.

이 경우, ‘We”로 작성하면 읽어보는 사람들이 어느 회사인지 잘 모르는 경우가 많다. 그래서 “We” 다음에 comma를 찍고, 자신 회사의 이름을 넣어 주는 것이 매우 중요하다.

- We, GCC Korea Co., Ltd., are one of the trading companies in Korea.

물론 Letterhead지에의 상단에 회사명이 있지만 잘 안 보는 경우도 많아서 이렇게 작성해 주면 읽는 사람들이 편안함을 느낄 수 있고, 특히 자신 회사의 Webmail을 사용하지 않고 Portal Site Mail을 사용하는 경우 회사 명칭을 쉽게 알아 볼 수 없을 수 있기 때문이다.

여기에서 우리 회사가 괜찮은 회사라는 것을 단어 하나를 삽입하여 나타내 주는 것도 매우 좋다.

- We, GCC Korea Co., Ltd., are one of the **leading** trading companies in Korea.

이렇게 마무리해도 좋지만 뭔가 허전한 기분이 들 수 있으므로 뒷부분에 자신 회사의 장점 또는 특화된 품목을 삽입하는 것도 훨씬 도움이 될 수 있다.

- We, GCC Korea Co., Ltd., are one of the leading trading companies in Korea specialized in the import and export of the Chemical products.

이 정도면 편지나 이메일을 읽어 보는 사람들이 우리 회사가 어떤 회사인지 신속하게 이해할 수 있게 된다.

여기에서 위 문장을 좀 더 정중하게 표현하는 방법을 제시하여 보겠다.

- We, GCC Korea Co., Ltd., **wish to introduce ourselves as** one of the leading trading companies in Korea specialized in the import and export of the Chemical products.

어느 정도 정중한 표현이 되었다고 할 수 있겠다. “wish”대신에 사용할 수 있는 단어는 아래와 같다.

* hope, want, would like to

편지나 이메일을 쓰다 보면 위의 단어를 많이 사용하게 되는데 중복 사용하지 않도록 주의하면 좋겠다.

상대방과 사업 관계를 맺고 싶은데 좀 더 정중한 방법을 찾는다면 아래의 문장을 사용하는 것도 괜찮으리라 생각된다.

- Please allow us, GCC Korea Co., Ltd., to introduce ourselves as one of the leading trading companies in Korea specialized in the import and export of the Chemical products.

만약 상대방이 큰 기업이어서 편지를 가장 정중하게 작성하고 싶다면 아래의 문장을 사용할 것을 권장한다.

- We, GCC Korea Co., Ltd., would like to express our sincere gratitude to you for allowing us to introduce ourselves as one of the leading trading companies in Korea specialized in the import and export of the Chemical products.

Circulation Letter의 첫 문장은 위의 예제 중 하나를 사용하면 크게 어려움이 없으리라 생각되는 바, 위의 문장들을 잘 익혀두기 바란다.

- 위의 첫 문장을 작성하고 나서 두 번째 문장은 수신회사의 이름을 어떻게 입수하였는지 반드시 밝혀야 한다. 왜냐하면 처음 보는 회사로부터 편지나 이메일을 받을 경우, 어떻게 나에게 이런 편지나 이메일을 보내게 되었는지 궁금하기도 하고, 정보의 출처에 따라 편지나 이메일을 보내는 회사의 신뢰도도 점거하여 볼 수 있기 때문이다.

◎ 귀사의 이름을 KOTRA로부터 받았습니다.

- We obtained your name from KOTRA in your country. 혹은
  Your name has been referred to us by KOTRA in your country.

이 정도만 언급을 해 주어도 충분하리라 생각한다.

◎ 이 기회를 빌어 우리 회사의 제품을 소개하고자 한다.

첫 번째 문장과 두 번째 문장을 적은 후 자연스럽게 다음 문장으로 넘어가는 내용이라고 하겠다. 어렵사리 얻은 기회를 잘 살려보겠다는 의미로 이러한 내용으로 작성하는 것이 자연스럽다고 할 수 있겠다.

- We would like to take this opportunity to introduce our products to you. 혹은,
- Taking this opportunity, we wish to introduce our products to you.

◎ 제품 소개

여기부터는 소개하는 제품들이 달라지기 때문에 각 자의 제품 내용을 적절히 소개하여야 한다.

위에서 설명한 바와 같이 내용이 길어지면 핵심 내용만 기재하고 나머지 내용들은 첨부 자료로 처리하여야 한다.

◎ 보내드린 자료를 잘 검토하시어 귀사의 의견을 주시기 바랍니다.

자사 제품의 자료만 던져주는 것이 대수가 아니라 뭔가 검토 의견을 받는 것이 목표이기 때문에 물론 자료를 보고 의견을 보내주는 경우가 많지만 그래도 반드시 자료를 검토한 후에 의견을 보내달라고 작성하는 것이 필요하다.

- Please review all the information hereinabove and attached herewith and give us your valued opinion.

상대방의 의견을 물을 때에는 항상 'valued'라는 단어를 붙여주는 것이 상대방의 기분을 좋게 할 수 있음을 기억하기 바란다.

◎ 혹시 궁금한 점이 있거나 추가로 정보가 필요하시면 연락하여 주시기 바랍니다.

물론 당연히 질문이 있거나 추가 자료가 필요하면 연락을 하겠지만 그래도 친절하게 문의하는 것이 매우 중요하다.

- If you have any query or need further information then please do not hesitate to contact us. (미국식)
- Should you have any query or need further information then please do not hesitate to contact us. (영국식)

'then"은 강조를 위하여 삽입한 것이고, 'do not hesitate to'는 우리의 Service 정신을 보여주는 문장이라고 할 수 있다.

◎ 귀사의 회신을 기대합니다.

편지를 보내거나 이메일을 보낼 때에는 회신을 기대한다는 것을 표현해 주어야 상대방이 다소 답변에 대한 의무감을 느끼게 되므로 반드시 이 문장을 삽입하여야 합니다.

- Looking forward to your response.

위와 같이 끝나도 되지만, 아래와 같이 작성하면 더 좋은 문장이 된다.

- Looking forward to having your prompt and favorable answer, we remain,

'prompt and favorable'이라는 단어를 넣음으로써 살짝 압력을 주고, 'we remain,'을 넣으면 우리는 계속 상대방을 향하여 답변이 오기를 기다린다는 일종의 부담감을 주는 문장이 된다. 이때 'remain'다음에 '.'가 아니고 ','를 찍어야 하고 이때의 ','는 진행형을 의미한다.

참고로, 상대방의 관심을 좀 더 확실하게 끌어올 계획이라면 아래와 같이 문장을 추가하여도 좋으리라 본다.

- Looking forward to having your prompt and favorable answer and to

having an opportunity to serve your esteemed organization with our new and innovative products, we remain,

성공하는 직장생활 TIP 3

리더십 이론의 변천

리더십 이론의 변천

(1) 자 질 론(Trait Theory)

1) 리더가 되는 사람은 태어날 때부터 리더의 자질을 가지고 태어난다는 이론이다.
2) 어렸을 때부터 체구가 크거나 점잖은 아이들을 보고 모두 장군감 또는 대통령감이라고 하면서 장래의 리더가 될 것이라는 자신감을 넣어주기도 하였다.
3) 그런데, 이 이론의 문제점은 시간이 흐르면서 타고난 리더의 수가 턱없이 모자라게 되면서 이론의 수정이 불가피하여 지면서 행동론이 등장하게 되었다.

(2) 행 동 론(Behavioral Theory)

1) 리더는 타고난 자질을 가지는 것이 아니라 후천적으로 교육을 받아서 만들어진다는 이론이다.
2) 그래서, 어렸을 때부터 아이들을 웅변 학원에 보내 정치가들의 연설을 흉내 내는 교육을 시키는 등 리더로서의 행동을 하도록 자녀들을 가르치게 되었다.

3) 그러나, 행동은 리더처럼 하는데 실질적인 리더로서의 능력을 보이지 않는 폐해가 증가하면서 이 또한 이론의 수정이 불가피하여졌다.

(3) 상 황 론(Contingency Theory)

1) 타고난 자질도 중요하고 후천적인 교육도 필요하지만 주어진 상황에 적합한 리더십을 발휘하는 것이 중요하다는 이론이다.
2) 윈스턴처칠은 영국의 수상으로서 2차 세계대전의 혼란 속에서 뛰어난 위기관리 능력을 보여주면서 탁월한 리더십을 보여 주었지만 2차 대전 후의 안정된 시기에는 형편없는 리더로 평가되었다.
3) 개별 조직의 처한 상황에 적합한 리더를 찾는 것이 중요하여 전 세계의 뛰어난 리더들을 이 이론에 따라 분석하는 논문들이 인기를 끌고 있다.

4 상품 소개시의 매너

(1) 명칭 (Title) 결정

1) 해외 시장에 소개하는 제품들의 대부분은 이미 판매되고 있는 것들이기 때문에 명칭에 대하여 고민할 필요가 없는 경우가 많다.
2) 그런데 간혹 한국 내에서 불리는 명칭과 해외 시장에서 불리는 명칭이 다를 경우도 있고, 신규로 해외 시장에 소개하는 제품의 경우 한국에서 불리는 명칭을 그대로 사용하는 경우도 많다.
3) 이 경우 해외 거래선 들에게 오해를 불러일으킬 수도 있고, 제품을 이해하지 못하여 거래선 확보에 실패할 가능성도 매우 많다.
4) 특히, 한국에서만 시장이 형성되어 있고 다른 나라에서는 사용되지 않는 제품들의 경우 더 많은 애로 사항이 있다.
5) 가장 쉬운 예로, Digital Door Lock을 들 수 있다. Digital Door Lock은 한국에서는 이제 포화 상태에 있지만 다른 나라에서는 거의 사용되지 않는 제품이라고 할 수 있다. 그런데, 전시회에 나가서 Digital Door Lock이라고 소개하면 대부분의 외국인들은 제품을 오해할 수 있어서 제품을 인식시키는 데에 어려움이 많다.
6) 통상 'Digital'이라는 단어가 들어가면 'Internet' 혹은 'Network'와 연계가 되는 것으로 이해하기 때문에 소비자들의 관심을 끌기가 어려운 점이 있다.
7) 또한, 한국에서 서서히 인기를 끌고 있는 'Black Box'의 경우, 소비자들은 비행기의 'Black Box'를 연상하기 때문에 제품에 대한 오해를 살 수가 있다.
8) 그래서 'Digital Door Lock'의 경우, 미국의 Mart에서는 'Electronic Lock' 또는 'Keyless Lock'로 불리고 있어서 필자는 'Keyless and

Electronic Lock'이라는 명칭으로 소개한 바 있었다.

9) 그리고, 'Black Box'는 미국에서는 'Driving Recorder' 영국에서는 'Vehicle Journey Recorder'로 불리고 있는데 이 명칭도 소비자들의 구매 욕구를 끌어내기에 부족하다고 생각되어 'Car Crash Recorder'로 명칭을 만들어 보기도 하였다.

10) 이와 같이 제품의 명칭은 소비자들의 잠재 수요욕구를 단숨에 끌어낼 수 있도록 작성되어야 하고, 이미 해외에서 어떠한 명칭으로 불리는 지 사전에 조사한 후에 결정하는 것이 필요하다고 생각한다.

(2) 기능 설명

1) 자신의 제품을 소개할 때 모든 기능 및 사양을 나열하면 읽는 사람들이 쉽게 지루함을 느껴 당연히 끝까지 읽지 않고 자료를 버릴 수 있다.

2) 따라서, 유사 제품과 비슷한 내용들은 제외시키고 타 경쟁사 제품들과의 차별화된 특징을 두드러지게 표현하여야 한다.

3) 또한 제품 내용을 읽는 사람들의 상황을 파악하여 특별히 관심을 가질만한 내용들을 집중적으로 표현하여야 한다.

(3) 경쟁사 대비

1) 해외 바이어들의 첫 질문은 당연히 경쟁사와의 다른 점을 문의하게 되어 있다. 그래서, 처음부터 경쟁사 제품과의 비교표를 준비해 두어야 하는데 처음부터 제시하면 경쟁사 제품에 대한 악선전이 될 수 있으므로 거래처가 문의할 때 제시하는 것도 방법이다.

2) 여하튼, 우리 제품을 소개할 때 타 경쟁사와의 비교 우위에 대한 준비를 철저히 해 두어야만 경쟁에서 이길 수 있는 기회를 가지게 된다는 점을 반드시 기억하여야 한다.

(4) Catalogue/Leaflet 준비

1) 우리 제품에 관심을 가지는 회사들은 당연히 자료를 요구하게 되어

있고, 우리가 전해주는 자료의 형태로 우리의 신뢰도를 평가하는 경우가 많다.

2) 그래서, 대부분의 회사들은 멋진 Catalogue를 준비하고 있는데 이는 비용이 들더라도 반드시 준비하여야 한다.
3) 그런데, 모델이 매우 다양한 경우 Catalogue외에 한 장짜리 Leaflet도 준비하여야 한다. 왜냐하면, 상대방이 대기업인 경우에, 우리의 제품을 발주하고자 하면 경영자의 결제를 받게 되는데 그 때 결제의 편리성을 위하여 한 장짜리 Leaflet이 매우 편리하게 될 수 있음을 기억하기 바란다.
4) 물론, 결제뿐이 아니라 우리 제품의 내부 검토를 위하여 특별히 관심이 있는 모델을 검토할 때에도 큰 도움이 된다.
5) 그리고, 요즘에는 Paper catalogue가 거추장스러워 Soft Copy를 원하는 경우도 많이 있어서, Soft File을 만들어 두어 CD로 주거나 혹은 쉽게 이메일로 보낼 수 있도록 준비하여야 한다.

(5) 첨부 서류 준비

1) 우리 제품을 소개할 때 당연히 모든 내용을 적어서 주어야 한다. 그런데 내용이 너무 많은 경우, Circulation Letter나 E-mail에 모두 적을 수 없는 경우가 많다.
2) 이 경우에는 위에서 언급한 바와 같이 Letter 혹은 E-mail에는 핵심 내용만 적고 나머지 모든 자료는 첨부 서류로 처리하여야 상대방을 편하게 해 줄 수 있음을 기억하기 바란다.

성공하는 직장생활 TIP 4

리더십 스타일

(1) 리더십 유형 이론의 종류

1) 권위형, 민주형, 자유방임형(Lippitt & White)
2) 사람, 직무 지향형(Chicago University)
   - 미국의 성공한 CEO 1,000명을 대상으로 조사한 후, 크게 두 가지로 분류하였다. (People-oriented Leadership & Task-oriented Leadership)
   - 재미있는 결과는 3:1로 사람 지향형 리더가 더 많았다는 것이다.
3) 명령형, 설득형, 상담형, 참여형(Tannenbaum & Schmit)
4) 출세주의자형, 정치가형, 기술자형, 시인형(Hodgkinson)
5) 거래적, 변혁적 리더십 (Burns)

(2) 상황론에 근거한 리더십 스타일

1) 창조적, 비전 제시적, 개척자 스타일 :소니 모리타 회장
   - 모리타 회장은 미국 마이애미 해변에서 미국 청년들이 큰 카세트 라디오를 들고 다니면서 음악을 듣는 것을 보고 워크맨을 만들어내는 아이디어를 얻었다.
2) 전략가(Strategist) :미국 헨리 포드
   - 자동차를 구매하는 사람들이 자동차를 타고 달릴 곳이 없어 정부와의 협상을 통하여 고속도로를 건설하게 하고,
   - 고속도로를 멀리 달릴 수 있도록 중간에 주유소를 설치하도록 석유회사를 설득하여 자동차 판매를 확대하였다.
3) 구조 및 방향 재조정자 : 미국 앨라이드시그널社래리 보시디 회장
4) 경영 행정가 : 구약성경에 나오는 이집트 총리 요셉
5) 목양 리더십(Sheperding) :테레사 수녀
6) 위기 대처형 리더십 :윈스턴 처칠
7) 조언형 리더십 : 워렌 버핏, 몽고 야율 초재

5 쌤플 발송시의 매너

(1) 모델 선정

1) 일단 거래처 발굴에 성공하고 가격 등 자료를 보내서 관심을 보이거나 전시회에서 관심을 보인 거래처들은 다음 단계로 Sample을 Test 하기를 원하게 된다.
2) 이 때 거래처가 원하는 Sample을 Model별로 모두 보내줄 수 있다면 별 다른 문제가 없지만, 혹시 Free of Charge로 보내줘야만 하는 상황이 발생하면 매우 고민이 되는 부분이라고 할 수 있다.
3) 그래서 전체 모델의 Sample을 보낼 수 없을 경우에는 적절한 모델을 선정하여 보낼 필요가 있다. 예를 들면, 하나의 모델로 기타 두세 개의 모델을 설명할 수 있는 모델을 선정하여 보내는 센스가 필요한 것이다.
4) 다시 말하면, 약간의 차이점을 설명함으로써 1대의 Sample로 3대의 효과를 낼 수 있는 방법을 선택하여야 한다.

(2) 포장 방법

1) 일반 포장으로 해도 손상을 입지 않을 경우에는 별 문제가 없지만, 무겁거나 Fragile하여 약간의 충격으로 제품의 작동이 어려운 전자 제품이나, 액체성 제품의 경우 매우 꼼꼼한 포장이 필요하다.
2) Sample을 보내주는 택배 업체들이 물건을 함부로 다룬다는 전제하에 포장을 하여야 한다. 그렇지 않으면, Sample이 거래처에 도착하였을 때, Test가 어려워지는 경우도 있다.
3) 이러한 경우에는 보내지 않는 게 더 나을 정도로 거래처에 부정적인 인상을 주는 계기가 되기도 한다.

4) 실제로 운송 중에 파손되어 Test가 불가한 것을 넘어 거래가 아예 중단될 수도 있어서 정말 사소한 문제이지만 각별히 신경을 써서 처리하여야 하는 부분이라고 할 수 있다.

(3) Manual 등

1) 제품들이 Gift Box에 담겨 있을 경우에는 대부분 User Manual이 포함되어 있지만, 별도로 Sample을 준비하여 보낼 때에는 User Manual이 포함되지 않는 경우도 왕왕 있다.
2) Sample을 보내는 사람의 입장에서 이미 작동 방법이나 사용 방법을 잘 알고 있기 때문에 무심코 제품만 보내주는 경우가 많은데, 이러한 경우에는 Sample을 받아 보는 거래처를 실망시킬 가능성이 매우 높다.
3) 결국, 항상 Sample을 받아 보는 사람의 입장에서 준비하는 그러한 자세가 Business를 성사시키는 아주 중요한 기회가 되는 것이다.
4) 또한 Sample에 포함시켜서는 안 되는 물품이 있는지를 문의하여 준비하여야 한다, 예를 들면, Brazil의 경우에는 가전용 소형 battery의 통관을 허용하지 않고 있다. 무심코 보낸 Sample이 거래처에게 큰 부담을 주는 계기가 될 수 있어서 귀찮더라도 반드시 챙겨보아야 하는 부분이라고 할 수 있다.

(4) 운송비 부담 문제

1) 운송 방법 협의

- Sample Test를 희망하는 거래처는 가능한 한 빨리 Test를 거쳐 시장에 출시하고 싶어 한다. 또한, Sample을 제시하는 입장에서는 가능한 한 빨리 Test를 마치고 Main Order로 전환시키고 싶은 심정일 것이다.
- 그렇다고 무조건 서둘러서 보내는 사람의 입장에서 Sample을 보내줄 것이 아니라, Sample을 받아 보고자 하는 거래처와 반드시 운송 방법을 협의하여야 한다.
- 왜냐하면, Sample 도착 시 통관 처리나 배송에 있어서 장애가 있는

방법이 있을 수 있기 때문이다.

- 통상, Sample을 송부할 때에 사용하는 것이 Courier 또는 Air Parcel 혹은 Ocean Freight인데, 사전에 거래처가 가장 편안함을 느낄 수 있는 방법을 선택하여야 한다.

2) DHL, FEDEX, EMS

- 특별히 Courier의 경우, 외국의 거래처들은 한 가지를 선택하든지 아니면 여러 개의 Courier를 선택하여 이용하는 회사가 많다.
- 전적으로 사용하는 Courier가 있을 경우, 별도의 Account를 운영하기 때문에 매우 편리하여 한 두 가지만 이용하는 경우가 많다.
- 따라서, Sample을 Courier로 보낼 때에는 특별히 사용하는 Courier가 있는지를 문의하고, Account Number를 문의하여 Sample을 보내주면 거래처가 매우 쉽게 Sample을 받아 볼 수 있게 된다.
- 국가별로 Operation이 불가한 Courier가 있어서 잘 못 보내면 매우 큰 어려움을 겪을 수 있게 된다.

(5) Invoice 작성

1) Sample의 Invoice를 작성할 때 'Sample'이라는 단어를 기재해야 하지만 좀 더 확실하게 'Not for sale'이라는 말을 넣어 주어야 한다. 왜냐하면 거래처가 Sample을 통관할 때 불필요한 수입 관세를 지불할 가능성이 있기 때문이다.
2) 그런데 상당수의 국가들이 Sample이라 할지라도 수입관세를 부과하는 경우가 많기 때문에 거래처의 수입 관세 지불 금액을 최소화하기 위하여 Invoice상의 금액을 조정할 필요가 있다.
3) 가능하면 10%의 가격으로 적어주어야 충분한 수입 관세 절감 효과가 있다고 할 수 있다.

성공하는 직장생활 TIP 5

리더의 자질

(1) 리더의 자질에 대한 이론들

1) 막스베버 :열정, 강한 책임감, 목표를 세우는 힘
2) 닉슨 : 고도의 지성, 용기, 노력, 끈기, 개인적인 매력, 통찰력, 대의에 몸 바치겠다는 각오, 위험을 두려워하지 않는 강한 의지, 운, 판단력
3) 오자(吳子) :위(威), 덕(德), 인(仁), 용(勇)
4) 손자 :인(仁), 의(義), 예(禮), 지(智), 신(信)
5) 마키아벨리 :힘, 재능, 기량, 운, 재수, 시대

(2) 미국의 회사원들이 선정한 리더의 자질(Warren Schmidt)

정직, 능력, 미래 예측력, 비젼 제시, 지성, 공정성, 아량, 명료, 상상력, 믿음직스러움, 협조, 용기

6 전화 매너

(1) 사무실 혹은 Hand-Phone

1) 거래처와 교신을 할 때에는 주로 이메일을 사용하지만 급한 용무가 발생하면 전화를 하게 될 때가 있다. 한국에서는 핸드폰이 일반화되어 있기 때문에 거의 자동적으로 핸드폰으로 전화를 하고 있다.
2) 그런데, 외국에서는 핸드폰으로 전화를 할 때 당연히 전화 요금을 내지만 핸드폰으로 전화를 받을 때에도 요금을 내게 되어 있다. 전세계에서 유일하게 한국만 수신 요금을 내지 않고 있기 때문에 한국 사람들이 쉽게 실수할 수 있는 부분이 핸드폰으로 전화를 거는 것이다.
3) 외국에서는 불필요한 일로 핸드폰으로 전화가 오거나 전화가 길어지면 자연히 수신요금 때문에 예민해지는 경우가 많다고 할 수 있다.
4) 따라서, 거래처 사장이나 담당자에게 급하게 전화를 하게 될 경우에 무턱대고 핸드폰으로 전화를 하면 상대방에게 부담을 줄 가능성이 많다는 것을 기억하여야 한다.
5) 급한 용무가 발생하여 전화를 하여야 할 경우가 발생하면 먼저 사무실로 전화를 하고, 만약 외출 중이면 비서에게 핸드폰으로 전화를 하여도 괜찮은지를 물어 본 후에 핸드폰으로 전화를 하는 것이 좋다.
6) 아니면, 사전에 이메일로 교신하면서 급한 사안의 경우, 핸드폰으로 전화를 해도 좋겠냐고 사전 승낙을 받아 두는 것이 기본 예의임을 알아두어야 한다.
7) 물론 상대방의 입장을 고려한 절차라고 인식을 줄 수 있고, 결국 상대방의 호감을 얻음과 동시에, 우리를 신뢰할 수 있는 기초가 되며 이러한 관계는 장기적인 Business Relationship을 만들어 줄 수 있는 기회라고 생각한다.

(2) 본인을 먼저 소개

1) 거래처의 사무실로 전화를 해 보면 외국에서는 전화교환원보다는 Reception Desk에서 전화를 먼저 받아 연결해 주는 회사가 많다.
2) 이 경우, 우리가 전화를 먼저 걸었기 때문에 전화를 건 사람을 먼저 밝혀야 한다. 자신을 밝히지 않고 무조건 찾는 사람의 이름을 대면 다소 불경스럽게 인상을 줄 수 있다.
3) 따라서, 자신을 가능하면 구체적으로 소개하고 나서, 다음 단계로 진행하는 것이 매우 부드러운 절차라고 생각이 된다.

(3) 찾는 사람 문의

1) 본인을 먼저 밝힌 후에 당연히 찾고자 하는 사람은 문의하는 것이 당연한 절차라고 할 수 있겠다.
2) 이름을 알면 정확하게 이름을 대고 바꾸어 달라고 하면 되고, 이름을 모르면 직책으로 묻고, 직책도 모르는 경우에는 자신이 전화를 한 목적을 설명하고 담당자를 요청하면 될 것이다.

(4) 전화로 설명이 곤란한 사항은 먼저 E-Mail 또는 Fax로 송부

1) 외국 회사와 전화를 하거나 방문을 해 보면, 무척 바쁘다는 것을 알 수 있다, 출근 시 가져다 놓은 커피를 점심시간까지 다 마시지 못하는 경우도 허다하다.
2) 따라서, 설명할 내용이 길거나 전화상으로 설명하기가 어려운 문제들이 있을 경우, 사전에 이메일이나 팩스로 내용을 보낸 후 간단하게 먼저 보낸 내용에 대하여 언급하고 곧바로 다음 단계의 얘기를 진행하면 시간도 절약하고 구구절절이 짧은 영어 실력으로 복잡하거나 예민한 사항을 전화상으로 처리해야 하는 어려움도 피할 수 있다.
3) 더 나아가 서로 오해할 수 있는 사안도 사전에 보내 놓은 이메일로 서로 공감대를 가지고 통화를 할 수 있는 장점도 있어 항상 이 점을

생활화하는 것이 필요하다고 본다.

(5) Message 전달

1) 전화를 걸어 대화를 하고 싶은 사람을 찾았으나 자리에 없다고 하면 아무런 얘기도 없이 전화를 끝내는 사람들도 비교적 많은 편이다.
2) 물론, Reception Desk에서 자리를 비운 당사자에게 Memo를 전달할 수도 있지만, 전달이 안 된다는 가정하에 반드시 자신의 이름을 남겨 달라고 해야 한다.
3) 게다가, 전화의 목적에 대하여 간단한 언급을 해주는 것도 외출에서 돌아 온 담당자의 일을 덜어 줄 수도 있고, 여러모로 쓸모가 있는 습관이다.

(6) 공손한 태도

1) 물론 전화상으로 대화하는 것이 쉽지 않은 사람도 많을 것이다. 그래서, 얼굴을 보고 대화하는 것과 달리 전화를 할 경우에는 목소리만으로 의사가 전달되기 때문에 당연히 공손하게 전화하여야 한다.
2) 굳이 지적하지 않아도 되는 부분이지만, 실제로 전화를 걸고 받을 때 무심코 지나칠 수 있는 부분이 있어서 지적을 해본다.

(7) 말을 또박 또박

1) 전화상으로 대화할 경우, 상대방이 우리가 외국인임을 인식하기 때문에 영어나 외국어를 잘하려고 애쓸 이유는 없다. 쓸데없이 긴장하여 말을 빨리 하거나 우물우물하면 상대방이 오해할 수 있는 경우도 있다.
2) 외국에서 어릴 때부터 자란 사람을 제외하고는 전화상으로 외국인과 통화하는 것이 부담이 되는 것은 누구에게나 마찬가지다. 당황하거니 긴장하지 말고 또박 또박 말을 해서 전화한 목적을 달성할 수 있도록 해야 한다.

성공하는 직장생활 TIP 6

좋은 리더십의 4대 요소

1) 균형감각
2) 인격/신뢰성
   - 겸손과 열정
   - 정직
   - 성실성
   - 용기
3) 능력
   - 지적능력 : 정보분석력 및 활용력
   - 결단력과 집중력
   - 철저한 준비
   - 조직 장악력
   - 의사전달 능력
   - 위기관리 능력
4) 융화력 / 팀워크창조력

7 거래처 방문시의 매너

(1) 복장

1) 거래처 방문 시에는 고민할 필요 없이 당연히 정장이 필요하다. 특별히 복장에 대하여 지정하여 주지 않는 한, 정장을 하되 반드시 정장을 착용하지 않는 중국이나 동남아 국가들의 거래처를 방문할 경우, 깔끔하게 준비를 하여야 한다.
2) 만찬이나 행사에 초대되어 Casual 복장을 하게 될 경우가 있을 경우에는 절대로 T-shirts를 입지 말아야 한다. 사회 초년생들의 경우에 Casual 복장에 대하여 이해가 없는 경우가 있는데 특별히 조심하여야 한다.
3) 국가마다 즐겨 입는 정장이 있는데 그러한 복장을 갖추고 거래처를 방문하면 환심을 사는 경우도 많은데 조심할 사항은 그러한 복장이 우리 한국 사람들의 체형에는 맞지 않아 초라한 모습을 보일 수 있음을 기억하여야 한다.
4) 여하튼, 양복 정장을 입었을 경우, 더운 날씨를 제외하고는 거의 실수하지 않는 복장이므로 해외 출장 시 반드시 정장을 챙겨서 다녀야 한다.

(2) 자료

1) 거래처를 방문할 경우, 반드시 방문 목적이 있으므로 그에 해당하는 자료를 충분히 오히려 넘치도록 준비하여야 한다.
2) 상담 중에 자료가 부족하여 귀국 후에 다시 보내주겠다고 언급하는 것은 Businessman으로서의 자세가 아님을 기억하여야 한다.
3) 따라서, 거래처를 방문하기 전에 미리 미팅 내용에 대하여 Simulation을 해보고 그에 맞는 자료들을 충분히 챙겨서 출발하여야 한다.

4) 의외로 자료 준비에 소홀할 수가 있다. 갑자기 결정된 출장이거나 출장 전에 다른 일로 바쁘게 시간을 보내는 경우가 허다한데, 무엇보다도 멀리 시간과 돈을 들여 움직이는 것이니만큼, 특별히 잘 준비할 필요가 있다.
5) 실제로 출장을 다녀 보면 의외로 자료를 잘 챙기지 못하여 낭패를 보는 경우가 허다하기 때문이다.

(3) 사전 약속

1) 외국에서는 사전에 약속된 만남 외에는 절대로 만나주지 않는다. 갑자기 들이 닥치는 것을 매우 싫어하고 예의에 어긋나는 행동임을 기억하여야 한다.
2) 해외 출장 중에 입수한 정보를 토대로 갑자기 만나볼 필요가 있다면 먼저 전화를 해서 장소와 시간을 정하고 난 후에 방문하여야 한다.
3) 사전 약속을 전하는 전화를 하거나 이메일을 보낼 때에는 방문 목적을 분명히 하고 적절한 시간을 정하도록 유도하여야 한다. 서양에서는 특별히 점심시간에 대한 개념이 없어서 시간을 정하는 데에 큰 부담이 없지만 동양에서의 점심시간은 특별히 고려하여야 한다.
4) 따라서, 동양에서는 식사시간을 가급적 피하여 방문 시간을 정하여야 한다. 쓸데없이 상대방에게 점심식사에 대한 부담을 주지 말아야 한다는 뜻이다.

(4) 시간 엄수

1) 거래처 방문 시 시간 엄수는 필수적이다. 시간을 잘 지키지 않는 국가에서도 방문자가 시간을 지키지 않으면 매우 싫어하는 경우도 많다.
2) 물론, 태국과 같이 교통 체증이 심한 나라에서는 약속 시간에 늦는 것을 충분히 이해하여 주지만 대부분의 국가에서는 시간에 늦는 것을 절대 용서하지 않는다고 생각하면 된다.
3) 그래서, 항상 약속 시간보다 10분전에 도착하도록 하여야 하고, 혹시

여러 거래처를 순서대로 방문하는 경우 한군데에서의 상담이 길어지면 나머지 거래처 방문 시간도 계속 늦어지기 때문에 이러한 경우에는 곧바로 전화를 하여 상황 설명을 하면서 약속 시간보다 늦어짐을 통보하여야 한다.

(5) 위치 확인

1) 해외 출장을 다니다 보면 낯선 곳이기 때문에 이동 시간에 대한 정확한 개념이 없을 수도 있고, 장소를 찾느라고 헤매다 시간을 보내는 수가 많다.
2) 그래서, 사전에 지도를 보든지 아니면 시간이 넉넉하면 사전에 방문을 해 보든지 해서 정확하게 도착할 수 있도록 준비하여야 한다.
3) 특히, 미국처럼 렌터카로 움직일 가능성이 많은 경우에 미리 이동 경로를 익혀두는 것도 매우 중요하다.
4) 실제로 이동 시간을 제대로 산출하지 못하거나 이동 경로를 파악하지 못하여 낭패를 보는 수가 많기 때문이다. 예를 들면, 입찰에 참가하는 경우에 입찰청을 찾아가는 길을 잃어버려 시간에 늦어 해외 출장을 갔음에도 입찰에 참가하지 못하여 수주의 기회를 잃어버린 경험을 우리 선배들은 겉으로는 말은 못하지만 그러한 쓰라린 경험을 가진 분들도 꽤 있다는 것을 명심하여야 한다.

(6) 대기 중 단정한 모습

1) 외국 회사를 방문하면 통상 Reception Desk가 있고 여직원이 안내를 하게 된다. 그래서, Reception Desk앞에는 방문객이 낮아서 기다리는 의자를 두고 있는 경우가 많다.
2) Receptionist가 앉아서 기다리라고 하는 경우가 대부분인데, 이때 대기하는 의자에 얌전히 앉아 있어야 한다. 쓸데없이 서성거린다든지 왔다 갔다 하고 사무실을 자꾸 들여다본다든지 하면 예의에 어긋나게 된다.

3) 그래서 대기하는 의자에 얌전히 앉아서 기다려야 한고, 다리를 꼰다든지 건방진 모습을 보여주는 것은 금물이다. 물론, 전화를 받을 때에도 아주 낮은 목소리로 통화하여 사무실내의 다른 사람들에게 지장을 주지 말아야 한다.

(7) 출입구를 바라보고 앉는다

1) 거래처 사무실에 도착과 동시에 Receptionist가 회의실로 안내하는 경우도 있지만, 통상 우리가 면담하고자 하는 사람에게 일단 확인을 한 후, 약속이 정상적으로 이루어 진 것을 확인한 다음 방문자들을 회의실로 안내하게 된다.
2) 먼저 방문자가 회의실로 찾아 들어간다든지 하는 행동은 절대로 피해야 하며, 안내자의 안내가 있을 때까지 기다려야 한다.
3) 회의실에 들어가면, 앉는 위치를 잘 찾아야 한다. 통상, 안내자가 지정하지 않는 경우에는 회의실에서 가장 먼 자리로 가야하고 따라서 그 자리는 회의실 입구를 바라보게 된다.
4) 방문자를 영접하는 사람은 늦게 들어와서 회의실 입구를 등지고 앉게 된다. 앉는 자리가 틀린다고 해서 문제가 될 것은 없지만 가능하면 원칙에 어긋나는 일을 하지 않는 것이 모든 상담에서 중요하다고 할 수 있다.

(8) 선물 준비

1) 모든 방문처마다 선물을 줄 필요는 없지만, 혹시 상대방이 갑자기 선물을 주는 것에 대비하여야 한다. 예기치 못한 선물에 당황하지 않도록 작은 선물이라도 준비하였다가 상담이 여의치 않거나, 우리가 희망한 상담 대상이 아니면 그대로 가져 나올 수도 있음을 기억하여야 한다.
2) 선물은 한국을 상징하는 또는 우리를 기억할 수 있도록 특징이 있는 것을 준비하되, 큰 비용이 들지 않는 것으로 하여야 한다.

3) 비싼 선물을 주게 되면 상대방이 당황할 수도 있고, 또 오해할 수도 있어서 상담에 방해가 될 수 있다.
4) 우리만의 특징을 담은 선물을 주면 반드시 선물의 내용을 설명하여야 한다. 그리고 대부분의 국가에서는 선물을 받은 자리에서 풀어보는 것이 통상적인 관행이라고 할 수 있다, 극히 극소수의 나라들만 현장에서 선물을 개방하지 않는 습관을 가지고 있으니 방문 전에 간단하게 조사하면 그러한 정보를 얻을 수 있다.

(9) 용무가 끝나면 즉각 출발

1) 외국에서는 우리가 생각하는 것보다 훨씬 일이 많고 바쁘게 시간을 보내고 있다. 물론, 상담을 시작할 때 Ice Breaking도 생략하라는 것을 의미하는 것이 아니다.
2) 상담할 내용이 모두 끝나면, 간단한 정리 및 인사를 한 후에 곧바로 출발하는 것이 매우 중요하다. 쓸데없이 상담 내용과 관련이 없는 Topic들을 꺼내어 시간 낭비하는 것을 매우 싫어함을 기억하여야 한다.

(10) 미팅 후 간단한 정리

1) 상담이 끝나고 출발하기 전에 간단하게 회의실 탁자 위를 정리하는 센스를 보여 주어야 한다. 상대방이 괜찮다고 할 때까지 정리를 하는 시늉을 할 필요가 있다.
2) 간단한 정리의 내용은 의자를 제자리로 돌려놓는 다든지 종이컵을 사용하였을 때 종이컵을 정리하는 행동이 필요하다. 이러한 행동을 통하여 상대방에게 좋은 인상을 남겨 줄 수 있다.

성공하는 직장생활 TIP 7

종업원이 갖춰야 할 자질

1) 헌신

2) 전문성

3) 집중력

4) 용기

5) 정직하고 현명한 평가능력

8 거래처 접대 시의 매너

(1) 방법 선정

1) 거래처를 접대할 일이 발생하였을 경우에는, 접대 방법에 대하여 잘 준비하여야 한다. 과다한 접대는 반대의 효과를 나을 수도 있고 모자라면 역시 서운해 할 가능성이 있어 조심하여야 한다.
2) 과거에는 저녁 식사 외에 또 다른 여흥을 제공하기도 하였는데 이제는 그러한 문화나 접대가 많이 줄었다고 할 수 있다. 그래서, 저녁 식사를 대접하는 것으로 마무리할 때도 많다.
3) 물론, 식사를 정할 때에는 식사의 종류를 잘 정하여야 하는데, 우선 한국 식사를 희망하는 지를 물어본 후에 결정하여야 한다. 한국을 방문할 때에는 한국 음식에 대한 체험을 희망하는 손님들이 많기 때문이다.
4) 음식의 종류를 선정할 때 특히 조심하여야 할 것은 본인의 종교에 따라 먹지 않는 것들이 있기 때문에 식사 메뉴 선정에 신중을 기하여야 한다. 이슬람교의 경우에는 돼지고기를 힌두교의 경우에는 소고기를 먹지 않는다.
5) 따라서, 식사에 초대할 때에는 먼저 종교를 문의하고, 특별히 피하는 음식이 있는 지 반드시 확인하여야 한다. 왜냐하면, 외국인들의 경우에 Vegetarian들이 의외로 많기 때문이다.
6) 그리고, 피하는 음식을 없지만 특별히 좋아하는 음식이 있을 경우, 이를 선정하는 것도 매우 좋은 방법이다. 중국인들 중에서는 소고기보다는 돼지고기를 더 좋아하여 값비싼 소갈비를 별로 먹지 않고 시장에서 파는 족발을 사서 호텔에서 먹는 경우도 있다. 그러나, 최근 들어 중국에서도 소고기 선호 현상이 점점 많아지고 있다고 한다.

7) 일본 손님들의 경우에는 갈비를 특히 좋아함을 기억하기 바란다. 그래서, 사전에 좋은 갈비집을 조사하여 오는 경우도 있으니 사전에 물어보는 것도 큰 도움이 된다.
8) 음식의 종류를 선정하는 데에 어려움이 있는 경우, 뷔페식당으로 모시면 고민을 쉽게 해결할 수 있으나 별로 좋은 방법은 아니라고 할 수 있다.

(2) 장소 선정

1) 물론 격에 맞는 음식점을 선정하는데 인사에 남는 장소를 선택하는 것이 바람직하다. 그래야 나중에 화제의 대상으로 올릴 수도 있고, 좋은 추억을 남겨 줄 수도 있기 때문이다.
2) 손님이 거주하는 호텔에서 그다지 멀지 않은 장소를 택하는 것이 필요하다. 아무리 좋은 식당이라도 이동 거리가 길어지면 지루해 하기 때문에 가까운 장소를 선택하되, 먼 거리에 있는 장소로 모실 경우, 먼저 설명을 하여 양해를 구한 후에 이동하는 것이 상대방을 편하게 할 수 있다.
3) 때로는 저녁 식사까지 Business 상담이 이어지는 경우가 있기 때문에 가능하면 조용한 자리로 모시는 것이 중요하고, 사전에 예약하여 별도의 방으로 안내하는 것이 여러 가지로 좋다고 할 수 있다.
4) 해외 출장을 가서 접대를 할 경우도 있는데, 이 경우에는 적당한 식사 장소를 정하지 못하는 경우가 많다. 따라서, 정확하게 우리가 저녁 식사에 초대한다고 언급을 한 후에 상대방에게 좋은 식당을 추천하여 달라고 요청하여야 한다. 잘 알지도 못하면서 식당을 선정하였다가는 낭패를 보는 수도 있기 때문이다.

(3) 초청 범위

1) 거래처가 한국을 방문하였을 경우에는 별다른 어려움이 없으나, 우리가 출장을 가서 저녁식사에 초대할 경우에는 초청 범위를 정하여 주

는 것이 상대방을 편하게 해주는 것이다.

2) 참석자의 이름을 호명하는 것도 방법이지만, 회의에 참석하지 않은 사람들도 포함시킬 때에는 반드시 직위와 이름을 확인하여야 한다.

3) 상대방에게 우리의 참석 범위도 설명하여 주면 서로가 그에 상응하는 참석자를 선정하는 데에 도움이 될 것이다.

(4) 교통편

1) 우리를 방문한 사람들의 숫자가 많지 않을 경우에는 승용차로 해결이 되지만 애매하게 숫자가 형성되면 두 대의 승용차가 동원되어야 하는 경우가 발생한다.

2) 이러한 때 혹은 숫자가 10명 가까이 될 경우에는 Van을 동원하여 이동하는 것이 바람직하다.

3) 특히 운전기사 없이 우리가 직접 운전하는 경우에는 주차가 편리하거나 Valet Parking이 가능한 곳을 찾아야 손님이 당황하지 않을 수 있다.

4) 한편, 승용차내의 자리의 우선 순위에 잘 모르는 경우가 있는데 잘 익혀두어 실수를 하지 말아야 한다.

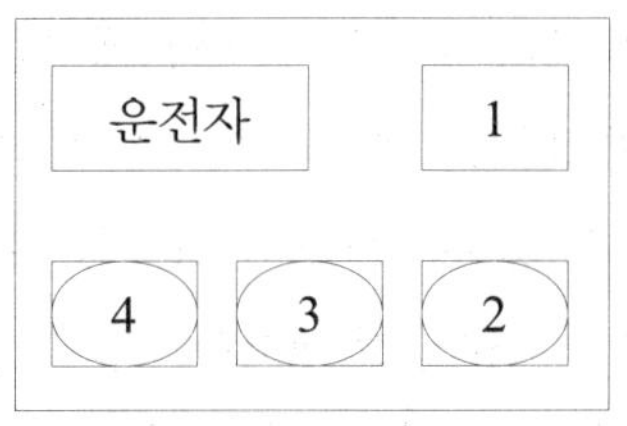

- 운전기사가 별도로 있을 경우의 순위: 2 → 4 → 3 → 1
- 승용차의 주인이 운전할 경우의 순위: 1 → 2 → 4 → 3
- 위의 예는 Left-hand Drive의 경우를 설명한 것인데 Right-hand Drive는 양쪽만 바꾸면 된다.

(5) 복장

1) 접대 장소에서의 복장을 별도로 지정하여 주는 것이 좋다. 별도의 지시 사항이 없으면 정장을 착용하는 것을 원칙으로 하되, 손님에게는 가벼운 Casual 복장을 권유하는 것이 좋다.
2) 초대하는 사람이 Casual을 입겠다고 하면 먼저 지정해 주어야 서로 혼란이 없다. 접대 장소에서의 복장까지도 신경을 쓰는 모습을 보여 주어야 상대방이 우리에게 호감을 가질 수 있는 것이다.

(6) 자리 위치

1) 식사에 참석하는 사람의 수가 많지 않으면 큰 문제가 없으나 많은 사람이 참석하게 되면 자리의 위치가 중요하게 된다. 특히, 서열을 중요하게 따지는 중국이나 일본의 경우 이러한 자리의 위치를 제대로 지정하지 않으면 큰 낭패를 볼 수 있다.
2) 중국의 원형 테이블을 제외하고는 대부분의 경우, 초대받는 자들이 출입구를 바라보고 앉고, 초대하는 자가 출입구를 등지고 앉는 것이 원칙이다.
3) 그리고 가장 서열이 높은 사람이 중앙에 앉고, 좌우로 차례대로 순서에 입각하여 앉으면 된다. 물론, 좀 더 격식이 필요한 자리에는 이름표를 붙여 놓는 것도 좋은 방법이라고 할 수 있다.
4) 중국의 원형 테이블의 경우, 초대하는 자가 출입구 반대편 정 가운데에 앉는다. 그래서 통상 가운데 자리는 음식값을 치르는 자가 앉는 다고 얘기한다. 그리고, 상대방의 제일 중요한 자를 왼쪽 편에 앉힌 후, 적당히 서열에 따라 자리를 차지하면 된다. 중국의 경우 운전기사도 함께 식사를 하는 경우가 있는데, 그는 출입구를 등지고 앉게 된다.

(7) 대화의 내용

1) 물론 식사 시간에는 가벼운 얘기와 서로를 이해하고 친해지기 위한

대화를 나누어야 한다. 간혹 낮에 진행하였던 사업 얘기를 이어서 하는 경우도 있지만 극히 드물다고 봐야 한다.

2) 초대하는 입장이든 초대 받는 입장이든 식사 테이블에서 대화의 단절을 통한 살벌한 분위기를 벗어나기 위한 Topic을 상대방의 관심을 중심으로 준비하는 것이 매우 도움이 될 수 있다.

(8) 친밀한 분위기

1) 당연히 분위기는 친밀하게 유도하여 맛있는 시간과 유쾌한 시간을 보내도록 서로 노력하여야 한다. 어색한 분위기가 되지 않도록 많은 Topic을 준비하여야 하며, 특히 상대방의 기분을 좋게 할 수 있는 대화 내용으로 분위기를 이끌어 가야 한다.

2) 식사 시간에 사용하는 어휘도 사업 얘기와는 사뭇 다른 부드럽고 친밀한 단어들을 사용하여 서로간의 벽을 없애도록 유의하여야 한다.

(9) 선물의 선택

1) 좋은 식사와 좋은 시간을 함께 보내주고 게다가 좋은 선물도 주면 분위기는 급상승하여 아무리 어려운 협상도 잘 풀릴 수 있다는 자신감을 가지게 된다. 따라서, 저녁 식사 시간에 전달하는 선물도 매우 중요한 역할을 할 수 있다.

2) 특히 식당에서 제공하는 선물을 주는 것도 매우 의미가 있을 것이다. 물론, 비싸지 않고 부담이 없는 것으로 준비하는 것을 명심하기 바란다.

성공하는 직장생활 TIP 8

리더의 역할

(1) 방향제시자

(2) 내부구심자

(3) 대표자와보호자

(4) 동기부여자

(5) 봉사자

9 거래 및 협상시의 매너

(1) 다양한 옵션 준비

1) 거래처와 협상 단계에 가면 매우 성공적인 단계라고 할 수 있다. 사실상 협상 단계까지 접근하기가 매우 어려운 상황임을 여러분들은 많은 경험을 해 보았으리라 믿는다.
2) 그런데, 협상 단계에서의 사소한 실수로 오더 받는 것이 무산되면 정말 아쉬운 일이 될 것이다. 그래서, 마지막까지 최선을 다해서, 진행하여야만 좋은 결실을 맺을 수 있음을 기억하고 협상 단계에서의 주의 사항을 점검하기 바란다.
3) 거래처에 Offer를 제시하여 그대로 받아 주고 발주를 하는 거래처는 고정 거래처 외에는 없다고 볼 수 있다. 다시 얘기하면, 우리가 제시하는 Offer 조건들은 최소한 한두 번의 수정을 거쳐 계약 단계로 넘어간다고 봐야 한다. 결국, 양자가 희망하는 조건들 사이에는 큰 거리가 있다고 봐야 한다. 그렇다면 그러한 거리를 어떻게 줄이느냐가 협상의 관건이라고 하겠다.
4) 거리가 있는 조건들 중 한 쪽에서 시원하게 양보를 하면 곧바로 Deal이 이루어지는데 그렇지 않다면 그 간격을 좁혀가는 노력이 필요한 것이고 이 과정이 결국 협상의 과정이 되는 것이다.
5) 특히, 비행기를 타고 멀리 출장을 와서 협상을 진행하는데 한번에 협상을 끝내고 싶은 마음이야 굴뚝같지만, 그렇지 않을 경우, 매우 난감하여 질 수 있다.
6) 이러한 간격을 메울 수 있는 방법을 다각도로 준비하여야 한다. 다시 얘기하면, 한 가지 조건을 내세웠는데 상대방에서 거절하면 다음 단계의 대안을 제시할 줄 알아야 한다. 한번만 제시하고 그 Offer를 받

아들이지 않으면 더 이상 협상의 여지가 없다면, 매우 답답한 상황이 되는 것이다. 더군다나 비행기를 타고 멀리 시간과 비용을 지출하면서 온 출장이라면 더욱 그러할 것이다.

7) 따라서, 협상의 시나리오를 잘 만들어서, 상대방을 잘 설득하여 조금씩 주고 받으면서 양쪽 조건들의 간격을 줄여 가면서 최종 합의에 이르도록 **다양한 Option을 준비**하여야한다. 우리 제품의 주문을 받아내는 것도 중요하지만 한 명의 거래처를 확보한다는 점을 감안하여야 한다. 즉, 미래의 사업을 구상하여 당장의 효과가 크지 않지만 추후에 큰 결실을 만들 수 있는 기반을 만들어야 한다는 것을 명심하기 바란다.

(2) 철저한 자료 준비

1) 신제품을 제시하는 우리의 입장에서는 제품에 대하여 잘 알기 때문에 가끔 자료를 준비하지 않는 경우가 많다. 그러나, 상대방은 우리 제품에 대하여 궁금한 것이 많기 때문에 질문이 많아질 수 있고, 계속 연구하거나 Test를 할 필요가 있다는 점을 알아야 한다.
2) 따라서, 제품 소개에 대한 자료를 철저하게 준비하여 상대방이 요청할 때 즉각 제시할 수 있는 준비를 하여야 한다. 그럴 때 상대방은 감동을 받고 우리가 자기를 위하여 준비하였고 앞으로도 자기를 위하여 많은 노력을 할 것이라는 기대감을 가지게 된다.
3) 특히 출장 중에 만나서 협상을 하는 절대로 귀국 후에 보내주겠다는 말을 하지 않도록 사전에 준비하여야 한다. 당연히 상대방은 우리가 제품을 판매할 준비가 되어 있지 않다고 생각하고 제품에 대한 신뢰를 경감시키게 된다.
4) 그래서, 항상 상대방의 입장에서 모든 자료를 준비하는 자세가 필요한 것이다.

(3) 협상의 방법 선택

1) 영업에 있어서 오더를 받는 것이 가장 재미있고 기쁜 일이겠지만, 협

상 과정에서의 긴장감과 협상 마무리 시 느끼는 희열이 해외 영업의 꽃이라고 할 수 있다. 따라서, 상대방의 Needs를 잘 파악하여 협상 정략을 준비하는 것이 진정으로 필요한 단계라고 할 수 있겠다.

2) 협상 이론에 나오는 협상의 방법들을 숙지하여 협상에 임하는 것도 중요하지만 협상의 첫 단계는 역시 상대방의 내면에 있는 욕구를 찾아내는 것일 것이다. 사전에 파악한 상대방의 입장을 기준으로 협상의 방법을 준비하고 상대방의 속내를 잘 모르는 경우에는 자신의 속마음을 드러내도록 유도하는 협상의 전략이 필요하리라 생각된다.

3) 어쩌면 가장 중요한 부분은 가격이 될 수도 있는데 양자의 Positioning에 따라서 강약의 방법을 취하게 된다고 하겠다. 강경 일변도의 협상 자세를 취하는 사람들도 많은데 매우 위험한 전략이라고 생각이 되고 또한 상대방이 무시할 정도로 약한 자세를 취하는 것도 문제는 있다고 본다. 따라서, 상황에 따라 적절한 협상 전략을 사전에 준비하여 한번 정도 연습을 한 다음에 시작하는 것도 많은 도움이 될 것이다.

4) 협상에 많은 경험이 있는 분들은 거의 동물적인 감각으로 협상에 임하지만 자신의 경험에 너무 자만하지 않는 자세도 필요하리라 생각된다.

(4) 협상의 자세

1) 한국 사람들은 쉽게 흥분하는 경향이 있는데 협상의 자리에서는 금물이라고 하겠다. 특히 협상 시에는 감정을 배제하는 것이 매우 중요한데 감정 조절을 잘 하지 못하여 협상에 실패하는 사례도 많음을 기억하여야 한다.

2) 무엇보다 상대방을 도와주려는 의도가 전달되는 협상의 자세가 매우 필요한 것이다. 우리 자신의 이익만 추구하고 상대방의 입장을 고려하지 않는 협상의 자세는 고쳐야 할 부분이고, 계속 여유로운 자세로 협상에 임하는 것이 중요하다.

3) 특히 인상을 쓴다든지 소리를 지른다든지 하는 무례한 행동은 협상을 중단시키겠다는 의도로 밖에 전달되지 않으므로 특별히 주의하여야

하는 부분이라고 하겠다.

(5) 언어의 주의

1) 협상 중에 사용하는 단어도 가능한 한 정중한 단어를 사용하여야 하고, 또한 피하여야 할 것은 욕이다. 불필요하게 욕을 함으로써 협상의 중단을 초래하는 어리석음을 범하지 않도록 유의하여야 한다.
2) 의사의 전달 중 단어로 전달되는 부분은 불과 6%에 지나지 않는다는 논문에서 보는 바와 같이 우리의 Body Language도 주의하여야 한다.
3) 또한, 이제는 한국어를 잘 하는 직원을 채용한 회사들이 많기 때문에 중요한 사항, 특히 가격 같은 사항에 대하여는 서로 내부적인 얘기를 주고받으면서 협의할 때 주의하여야 한다.

(6) 순발력

1) 협상을 진행하던 중에 갑자기 상대방에서 Final Offer를 제시하면서 결정을 하자고 던지는 경우가 종종 있음을 기억하여야 한다. 필자도 멕시코의 한 거래처를 방문하였는데 갑자기 필자가 제시한 Best Price에서 10% D/C를 하면 주문을 하겠다고 하여 순간적으로 고민하면서 그대로 받아들인 적이 있다.
2) 결국, 그 때의 순발력으로 멕시코 치와와까지 출장을 가서 오더를 받아 오는 쾌거를 이룬 바 있다. 만약 그 자리에서 우물 주물하고 결정을 하지 못하였다면 오더를 받지 못하고 쓸쓸히 돌아오는 슬픔을 맛보았을 것이다.
3) 순간적으로 10% D/C의 효과를 계산하고 받아들이는 순발력이 협상에서는 필요할 때가 많은 것이다. 비록 10%의 마진이 줄어들었지만 필자는 멕시코의 큰 거래처를 확보하는 것으로 위안을 삼은 적이 있다.

(7) 결정의 유보

1) 순발력도 필요하지만, 상대방이 제시하는 조건이 너무 차이가 커서

받아들이지 못할 경우 우리는 그만 두자고 얘기하고 협상을 마무리하는 경우도 있다. 우리가 원하는 것은 물론 오더이지만, 궁극적으로는 장기적으로 Business 관계를 맺을 수 있는 Partner가 필요한 것이다.

2) 그래서 만약 양자의 조건의 간격이 너무 크다면 그 자리에서 결정을 낼 것이 아니라 결정을 유보하자고 제안하면서 시간을 벌고 다음 협상에서 결론을 도출하는 것도 훌륭한 협상 전략 중의 하나라고 생각한다.

(8) 신속한 결정

1) 협상을 진행하다가 더 이상 간격을 줄일 가능성도 보이지 않고, 시간을 더 끌어 봐야 조건의 향상이 기대되지 않을 경우, 신속하게 결정을 내리는 것도 매우 중요한 부분이다.
2) 왜냐하면, 서로 장시간 밀고 당기다 보면 모두 지쳐서 의욕을 상실할 경우도 있고 상대방이 보기에 우리가 받아 들일만한 조건인데 자꾸 결정을 미루면 상대방은 우리가 매우 Greedy하다고 생각되어 협상이 결렬되는 수도 있기 때문이다.
3) 따라서, 더 이상 추가할 사항도 없고 조건의 변경도 없을 것이라는 전망이 보이면 즉각적으로 결정을 내리는 것도 중요한 사항이다.

(9) 다음 단계 준비

1) 협상을 마무리하고 나면, 양자의 합의 사항을 기준으로 다음 단계의 준비 사항을 점검하여 보는 것도 서로 도움이 된다고 하겠다. 그래야 서로의 오해를 불러일으키지 않고 상당 부분 업무 처리를 할 수 있기 때문이다.
2) 특히, 계약서 또는 신용장 부분 같은 것을 언급하여 양자간의 합의 사항을 재점검하는 것도 매우 중요한 자세가 될 수 있다.

성공하는 직장생활 TIP 9

리더십 킬러들

(1) 외부의 킬러들

1) 전통과 관료주의
2) 타성에 젖음과 지나친 조심
3) 사람들
4) 문화적, 사회적 제한
5) 인문계교육 및 커뮤니케이션 훈련결여

(2) 내부의 킬러들

1) 열등감
2) 교만
3) 게으름
4) 분주함과 일 중독증
5) 독선
6) 도덕적 상실

10 무역 계약 체결 및 무역 표준 계약서 조항별 점검 사항

(1) 무역 계약의 기본 개념

1) 민법에서는 계약은 Seller의 청약에 대하여 Buyer가 승낙하면 성립이 되는 것으로 설명을 한다. 무역에서도 마찬가지로 양 당사자가 합의를 하면 계약은 성립된 것이고 양자의 합의에 따라 Seller는 제품을 만들어 공급하고 Buyer는 그에 대하여 대금을 지불하면 되는 것이다.
2) 그래서 무역 계약의 법적 성격을 소개할 때 첫 번째로 제시하는 것이 무역 계약은 **낙성계약**이라고 설명한다. 양 당사자중 일방이 제시한 Offer에 대하여 상대방이 승낙(Acceptance)하면 계약이 성립된다는 것이다.
3) 그리고 무역 계약의 두 번째 성격은 계약을 체결함과 동시에 각자가 일정한 의무를 지게 된다는 **쌍무계약**이고, 반드시 보상을 위한 금전의 교환이 있어야 한다는 **유상계약**의 성격을 가지고 있다.
4) 또한, 무역 계약을 위한 특별한 형식이 없다는 점에서 **불요식계약**이라고 하며, 따라서 무역 계약이 성립하는 방법은 다양하게 나타나고 있다.
5) 특히, 지속적인 관계를 맺는 무역 계약에서는 Seller의 청약이 가기 전에 Buyer가 먼저 주문을 하고 Seller가 Buyer의 주문을 받아들이면 계약이 성립하기도 한다. 구두 상으로 하였든 간단한 서류로 하였든 양자의 합의 표시가 있으면 계약은 성립이 되고 그에 따른 권리 의무가 발생하게 되는 것이다.
6) 그런데, 무역 계약서를 만들어 서명을 하게 된 배경은 우선 구두상으로 체결한 계약에 대하여 어느 일방이라도 부인을 하게 되면 문제가 발생하게 되고 특히 국가간의 거래에서 상대방의 의무 이행을 강제할

방법이 어려워지면서 그러한 방법을 찾아야 하는 필요성 때문이라고 할 수 있다. 결국, 무역 계약서를 작성할 때에는 어느 일방의 약속 불이행으로 인한 손해를 피하기 위하여 법적인 행위를 가정하고 작성하여야 하는 것이 무엇보다도 먼저 고려되어야 할 사항이라고 하겠다.

7) 이러한 관점에서 무역 계약서를 잘 작성하도록 교육하는 것이 무역거래에 있어서 필요하게 되었고, 대부분의 무역 실무 교육에서 중점을 두고 교육하는 부분이 무역 계약서 작성 방법이 되었다. 따라서, 무역에 종사하는 사람들 또는 무역에 관련된 업무를 하는 사람들은 무역 계약서에 대한 해박한 지식이 필요하게 되는 것이다.

(2) 무역 거래에서의 Offer

1) 무역 거래에서 사용되는 Offer에는 다음과 같은 내용을 가져야 한다.
   - 당사자의 표시
   - Offer한다는 문언
   - 물품의 명세 (무역계약의 기본조건),
   - 발행일자와 번호, 유효기간

2) Offer의 종류
   - Selling Offer/Buying Offer
   - Free Offer/Indicative Offer
   - Firm Offer/Proforma Invoice
   - Counter Offer
   - Conditional Offer

     Offer without engagement
     Offer subject to prior sale
     Offer on approval
     Offer on sale or return
     Offer subject to our final confirmation

3) 무역거래에서 사용되는 Proforma Invoice의 주요 기능은 아래와 같다

- Firm Offer의 역할 (Buyer의 P/O발행용)
- Buyer가 T/T 송금 또는 L/C개설에 필요
- Buyer의 P/O대하여 Seller의 승낙 표시

(3) 무역 거래에서의 승낙 (Acceptance)

1) 무역거래에서 사용되는 승낙의 요건은 아래와 같다.

- 청약의 내용과 일치하여야 하고,
- Absolute, Final, Unconditional한 것이어야 하며,
- Offer의 유효기일(Validity)내에 이루어져야 한다.
- 만약, 별도로 지정된 승낙은 지정된 방법을 따라야 하며,
- 특정인을 지정한 경우에는 지정인만 승낙 가능하다

2) 승낙의 종류를 아래와 같이 정리하여 볼 수 있다.

- Unconditional Acceptance
- Acceptance by Action
- Conditional Acceptance
- Partial Acceptance
- Acceptance accompanied by request
- Acceptance by Silence or Inactivity: 기본적으로 효력없음

(4) 무역 계약 시 합의하여야 하는 무역 계약의 7대 기본 조건은 아래와 같다.

1) 품질 조건

- 공급하고자 하는 물품의 품질을 정하는 방법인데 품목별로 다양한 방법으로 정의하고 있다.
- 견본, 상표, 명세서, 규격, Inspection 조건, 표준품 매매 조건 등이 활용되고 있어 담당하는 품목에 따라 잘 적용하여야 한다.
- 또한 유의할 사항은 품질 결정의 시점이다. 선적 전에 결정되는지 아니면 하역 시에 결정되는 지를 잘 파악하여야 한다.

2) 수량 조건

- 제품의 수량을 측정하는 단위인데 품목별로 적용되는 단위가 달라진다.
- 중량, 부피, 길이, 개수(pc, ea, set 등), 포장 단위, 면적 그리고 Container의 경우에는 TEU 또는 FEU로 수량을 제시하기도 한다.
- 수량을 결정하는 시점도 매우 중요한데, 액체로 된 제품 중에는 운송 중에 수분 증발이나 가스 유출 혹은 하역 시에 PUMP의 특성으로 수량의 변동이 있으므로 하역 시에 수량을 결정하기도 한다.
- 또한, 수량 단위 중 중량이나 부피로 측정하는 경우 정확하게 측정할 수 없는 경우를 고려하여 과부족 용인조건 (MOL, More or Less)을 적용하는 품목들이 있다. 이 경우 통상 +/- 10%를 인정하지만 상대방에 따라 조정하기도 한다. MOL이라는 명칭 대신 Allowance 또는 Tolerance라고 표현하기도 한다.

3) 가격 조건

- 가격이라 함은 기본적으로 Seller가 Buyer에게 제품을 제공하는데 있어서 부담한 모든 비용의 합계를 의미한다.
- 가격 조건에서는 고려할 사항이 Seller와 Buyer가 어느 시점에서 비용을 분담할 것이냐 하는 비용 분기점과 제품에 대한 Title & Risk가 Seller로부터 Buyer에게 넘어가는 책임 분기점이다. 이 부분에 대하여는 INCOTERMS 2010에서 자세히 설명하고 있어서 무역 업무 담당자는 이 부분에 대하여 깊은 지식을 가지고 있어야 한다.
- 또한, 가격의 화폐 단위도 매우 중요한 부분 중의 하나이다. 환차손이 발생할 수 있기 때문에 어느 화폐 단위로 가격을 제시할 지는 잘 고려하여야 한다.
- INCOTERMS2010에서는 11가지 가격 조건을 제시하고 있는데, 다음과 같다.
  - EXW
  - FCA

- CPT
- CIP
- FAS
- FOB
- CNF
- CIF
- DAT
- DAP
- DDP

4) 결제 조건

- 물품 대금을 어떠한 방법으로 Buyer가 Seller에게 지불할 것이냐는 조건을 의미한다.
- 통상 무역 거래에서는 송금 (T/T), 신용장 (Letter of Credit) 그리고 추심방식으로 대금을 지불하게 된다.
- 물품의 선적과 동시에 대금을 회수하는 동시 지급, 선적 전에 대금의 전부 또는 일부를 받는 사전 지급 그리고 선적 후에 대금을 회수하는 사후 지급 조건으로 나뉘게 된다.
- 대금 회수의 위험을 회피할 수 있는 방법을 선택하는 것이 매우 중요하다.

5) 선적 조건

- 제품을 어떠한 조건으로 선적할 것인가를 정하는 부분으로 양 당사자가 서로 협의하여 정하게 된다. 기본적으로 BUYER는 빨리 선적하기를 원하고 SELLER는 여유를 가지기 원하는 부분이니 서로 합리적인 방법으로 정하여야 한다.
- 선적 예정일을 특정 일자 또는 특정월로 정하기도 하지만 통상적으로 대금 지급에 대한 확인이 필요한 거래이니만큼 신용장 개설일 또는 T/T 접수일을 기준으로 선적일을 정하는 것이 사용되고 있다.

- 따라서, 날짜 계산이 어려운 애매한 표현들은 피하여야 한다. 예를 들면, immediately, as soon as possible, prompt와 같은 표현을 사용하면 추후에 분쟁의 소지가 매우 많음을 기억하여야 한다.
- 계약 당시에는 제품 생산이 문제가 없었지만 생산을 진행하다 보면 예상하지 못하였던 사태가 발생하여 계약 수량을 전량 선적하지 못하는 사태가 발생할 수 있으므로 무조건 분할 선적(Partial Shipment)는 Allowed로 합의하여 두는 것이 안전하다.
- 또한, 해상운임을 Seller가 부담하는 경우, 예기치 못한 일로 말미암아 이익이 발생하지 못하는 경우를 대비하여 환적 (Transshipment)도 Allowed로 합의해 두는 것이 도움이 될 때가 있다.

6) 포장 조건

- 해상으로 제품을 운송하기 때문에 해상운송에 적합한 포장 조건을 제시하게 된다. 통상 사용하는 조건으로 Export Standard Packing 또는 Seaworthy Packing으로 표시한다.
- 선적 후 Buyer가 제품 관리를 편하게 할 수 있도록 Buyer가 원하는 Shipping Mark도 미리 확인해 두는 것이 매우 중요하다.

7) 보험 조건

- Seller가 해상 운송 보험을 가입하여야 하는 경우, 적절한 보험 조건을 준비하는 지식이 필요하다.
- 구약관과 신약관이 동시에 사용되고 있으므로 두 가지 조건들을 잘 숙지할 필요가 있으나 통상적으로 사용하는 조건이 구약관의 ICC All Risk과 ICC(A)이다.
- 일반적으로 보험을 가입할 때에는 보험 Agent를 활용하게 되니 크게 신경이 쓰이는 부분은 아니고 통상 신용장에 보험 조건들을 표시하게 되므로 그러한 내용을 확인하는 능력만 갖추면 된다.

(5) 무역 거래에서의 양 당사자가 특별한 형식 없이 기본 조건에 대하여 의견 합치만 있으면 무역 계약이 성립된다고 설명하였다. 구체적으로 무역 계약이 성립되는 내용을 설명하여 보겠다.

1) Seller의 Offer에 대하여 Buyer가 Accept하는 경우

- 편지/이메일로 Buyer가 의사 표시
- Seller의 Offer Sheet/Proforma Invoice에 Buyer가 Counter서명 (Offer Sheet 하단에 있는 빈 자리에 'Accepted by'를 적고 서명)
- Seller의 Offer에 대하여 Buyer가 P/O를 발급하는 경우

2) Buyer의 Purchase Order에 대하여 Buyer가 Accept하는 경우

- 편지/이메일로 Seller가 의사 표시
- Seller가 Proforma Invoice를 발행
- Buyer의 P/O에 Seller가 Counter 서명
  (P/O 하단에 있는 빈 자리에 'Accepted by'를 적고 서명)

3) Seller의 Offer에 대하여 Buyer가 대금을 지불하는 경우

- Seller의 선수금 T/T요청에 대하여 Buyer가 선수금 송금
- Seller의 요청에 따라 Buyer가 Letter of Credit을 개설

4) 매매계약서를 작성하여 상호 서명하는 경우

- Sales Note: Seller가 준비한 계약서로서 전면의 내용은 Offer Sheet와 거의 동일하며 뒷면에 'General Terms and Conditions'라는 제목으로 작은 글씨로 간단한 조건들을 기재한 양식이다.
- Purchase Note: Buyer가 준비한 계약서로서 제목만 다를 뿐 Sales Note와 내용이 같다.
- Standard Contract (표준 계약서): Sales Note와 Purchase Note의 내용으로는 충분하지 않아 국제적으로 통용되는 표준 계약서를 만들어 상호간에 서명하여 사용한 것이다.

(6) 표준 무역 계약서 설명

1) 위에서 설명한 간단한 형태의 양식으로는 양자의 권리 의무를 규정하기가 어려운 거래에서는 정식의 계약서 양식을 이용하여 계약을 체결하게 된다. 첨부하는 Standard 계약서를 활용하면 건설, Plant, 선박 등과 같은 복잡한 제품의 거래 외에는 대부분 적용할 수 있는 아주 모범적인 양식이라고 할 수 있으며, 제품에 따라서 조금씩 변형하여 사용할 수 있는 매우 훌륭한 표준 계약서이니 실무에 활용하기 바란다.
2) 앞서 언급하였지만, 계약서를 작성하는 이유는 양자간에 서로 권리 의무를 명확히 하여 거래를 순탄하게 추진하려는 의도이지만, 결국은 어느 일방의 의무 불이행에 대한 손해 배상 청구를 위한 방편으로 활용되기 때문에 계약서 작성시 법적 조치가 취해졌을 때 우리의 이익을 확보할 수 있는지에 관점을 두고 작성하여야 한다.
3) 표준 무역 계약서의 구조

   표준 계약서는 전문, 본문 그리고 후문으로 되어 있고 그 내용은 아래와 같다.

   a. 전문 (前文, Preface)
      - 계약서 표제(Title)
      - 서명일
      - 계약 당사자
      - 계약체결 경위
      - 계약 체결 의도 (WHEREAS CLAUSE)

   b. 본문(本文, Text/Body)
      - 정의 조항 (Definition Clause): 자주 반복하여 사용하는 단어를 지칭하는 단어를 사용하는 것으로 'hereinafter called and referred to as "---")로 표현한다.
      - 특정 조항 (Specific Clause): 개별 품목에 따라 내용이 달라지는 조항으로 무역 계약의 기본 조건이 이에 해당한다.

- 일반 조항 (General Clause): 품목이 달라져도 거의 같은 내용으로 삽입되는 조항으로서 주된 내용은 다음과 같다.
  Liquidated Damage, Warranty, Claim, Force Majeure, Breach & Indemnity, Taxes/Duties, Infringement, Termination, Arbitration, Governing Law, Assignment, Non-waiver, Notice, Effective Date and Terms

c. 후문(後文, Prolog)
  - 계약서의 말미 문언 (In witness whereof)
  - Signature

4) 표준계약서의 전문은 아래와 같이 작성되는데 이제는 정형화되어 관행적으로 사용되는 형식이며, 전문의 하단 부분에 있는 'Whereas'조항은 양자의 계약 체결 의도나 희망 사항을 기재하고 있으니 계약서를 검토할 때 양자의 의도를 파악할 수 있는 첫 번째 관문이 된다. 그래서 Buyer측의 표준 계약서안을 받았을 때, 먼저 WHEREAS 조항에 어떻게 표현하고 있는지를 살펴보기도 한다.

This Contract ("Contract") made and entered into this --- day of ---, 20---- by and between ---------, a Chinese corporation having its principal place of business at ------------ (the "Buyer") and ____________________, a Korean corporation having its principal place of business at _________________________, Seoul, Korea (the "Seller")

WITNESSETH :

WHEREAS, the Buyer desires to purchase from the Seller and the Seller desires to sell to the Buyer certain product as defined herein-below.

NOW, THEREFORE, in consideration of the premises and mutual covenants herein contained, the parties hereto agree as follows :

5) 본문 중 각 조항 별로 주의 깊게 점검하여야 할 사항은 아래와 같다. 어떤 교재에서는 계약서 8대 기본 조건이라고도 제시하고 있는데 별로 중요한 사항은 아니고 늘 조심하여야 하는 조항에 대하여 설명을 하기로 한다.

Article 1. Sale of Product

The Buyer shall purchase from the Seller and the Seller shall sell exclusively in the territory of Asia and mainland China to the Buyer newly manufactured GSM Mobile Handphone Modelno. __________(the “Product”) subject to the terms and conditions herein provided.

이 조항에서는 판매하고자 하는 제품을 정확하게 정의하여야 하며, 다양한 모델이 있을 경우에는 특정 모델을 판매한다는 것을 정확하게 정의하여야 한다. 가능하면 구체적으로 기재를 하여야 하는데 추후에 잘못하면 Seller의 모든 제품을 판매하여도 되는 것으로 작성되면 매우 어려운 일을 당할 수 있다.

Article 2. Quantity, Specification and Quality

2.1 The Buyer shall purchase from the Seller and the Seller shall sell to the Buyer ______ (____) sets of the Product.

2.2 Specification and Quality

The specifications and quality of the Product are prescribed and specified in Specification attached hereto as Annexure I.

2.3 The term “Model Exclusivity” shall mean that buyer has sole right to market and sell the products in the territory of Asia and

Mainland China.

2.4 The term "Product(s)" shall mean GSM cellular handset known as model no.____ with brand of buyer or _______________

2.5 The parties agreed to market the product under brand of buyer or _____________

2.5 The detailed location and size of each brand shall be discussed and agreed within ten (10) working days from the date of this Contract.

이 조항에서는 판매 수량에 대한 정확한 작성이 필요하고 제품에 적용하는 품질 기준을 명시하는데 철강제품처럼 사양서 내용이 간단하면 계약서에 기재하여도 되지만, 전자제품처럼 많은 양의 자료가 있는 경우에는 간편한 계약서를 위하여 사양서(Specifications)를 첨부하여야 한다. 또한 수량에 대하여는 철강, 광물, 곡물 또는 유류 제품처럼 운송 도중 감량이 발생하거나 생산 시 일정한 수량을 확보하기 위한 제품들에 대하여는 과부족 용인조항(More or less Clause, Allowance)을 반드시 표기하여야 한다.

Article 3. Price

3.1 The agreed unit price of each Product (the "Price") is US$ --------------- (United States Dollars_____________) on F.O.B. Korean port basis. The Total amount is US$ _________________ (United States Dollars _________________________).

3.2 Standard Package consists of one main transceiver, one travel charger, one standard battery and one hands free kit.

3.3 Accessories, which can be purchased separately from the Seller, are extended battery and leather case.

3.4 The Price is fixed and effective up to shipments for the above-mentioned quantity. and thereafter the Price shall be readjusted for the additional quantity according to mutual agreement.

이 조항에서는 단가를 정확하게 명시하되 가능하다면 가격의 포함 범위 및 3.4와 같이 가격 유효 기간 및 가격 조정 권한을 Seller가 가지고 가도록 작성하는 것이 중요하다.

건설 계약서와 Plant계약서, 선박계약서에서는 계약 단가 혹은 비용적인 측면에서 지대한 영향을 주는 원자재가 있으면 그러한 원자재의 가격 변동에 따라 계약 금액을 연동시켜 조정하는 조항을 넣게 된다. 그러한 조항을 Escalation 조항이라고 하는데 일반 상품의 경우에는 적용되지 않을 수도 있지만, 만약 한율 변동이 급격한 상황이 예상되면 환율 변동에 따라 계약 단사를 조정하는 조항을 넣어 주는 것도 필요하리라 생각한다.

Article 4. Payment

4.1 Except as otherwise agreed by the parties hereto, all the payment for the Product shall be made in United States Dollars by unconditional, irrevocable and transferable letter of credit in favor of the Seller, established or confirmed by first class international bank designated by or acceptable to the Seller. The letter of credit shall be established by the Buyer within two (2) weeks after signing this Contract and shall be negotiable at sight against draft accompanied by the following shipping documents in triplicate and shall be valid for no less than fifteen (15) days after the latest date allowed for the shipment :

(1) Bill of Lading or copy of Airway Bill

(2) Commercial Invoice

(3) Packing List

(4) Certificate of Origin

(5) Inspection Certificate issued by Korean Manufacturer

The Buyer shall bear all banking expenses associated with establishing of the letter of credit. Partial shipment, transshipment and partial negotiations of letter of credit shall be permitted and the letter of credit shall be worded accordingly.

4.2 Delay by the Buyer in establishing the letter of credit shall extend the time for performance of this Contract by the Seller to such extent as may be necessary to enable it to make delivery in the exercise of reasonable diligence after such letter of credit has been established.

이 조항에서는 대금 지불 방법에 대하여 정확하게 언급하되, 신용장의 경우 Seller가 지정하는 또는 Seller가 용인하는 은행에서 개설하도록 기재하여야 하고, 신용장 개설에 필요한 비용은 Buyer가 부담하게 명확히 기재함과 동시에, 만약 선적일(Shipping Date)가 계약일로부터 기산될 경우 신용장 개설 Due Date를 명시하고 신용장 개설이 늦어지면 늦어지는 만큼 Shipping Date를 늦출 수 있다는 규정을 삽입하여야 한다. Shipping Date가 신용장 개설일로부터 시작하면 그러한 내용을 삽입할 필요는 없다. 대부분의 경우, Shipping Date를 신용장 개설일로부터 기산하는 것이 통상적인 예이므로 신용장 개설이 늦는 것에 대한 선적일 연장을 필요가 없을 수도 있다.

그리고, 신용장을 개설하는 경우, 신용장 매입 서류 (Shipping Document, 선적서류)의 내용을 계약서에 기재하여 두는 것도 편리할 수 있다. 별도로 지정하지 않으면 Buyer가 자기 마음대로 기재하면서 어려운 서류를 요구할 수 있고 그러한 서류를 제외시키라고 신용장을 수정(Amend)하라고 하면서 쓸데없이 시간을 보내는 수가 많으니 아예 처음부터 계약 당시에 선적서류의 종류를 합의하는 것도 매우 중요한 일이 될 수 있다.

Article 5. Shipment of the Product

The Product shall be delivered by the Seller to the Buyer at any Korean port in accordance with the Shipment Schedule attached hereto as Annexure II(the “ShipmentSchedule”).

먼저 선적 일은 신용장 접수로부터 기산하도록 하되, 여러 번에 걸쳐 선적되는 경우 계약서에 모두 기재하기가 불편하면 역시 첨부 서류로 처리하여 선적일정을 별도로 관리할 수 있게 하는 것도 매우 좋은 방법이라고 하겠다.

Article 6. Late Delivery

6.1 In the event that the Seller delays shipment of the Product in accordance with the Shipment Schedule for reasons solely attributable to the Seller, the Buyer shall grant the Seller seven days' grace, without liquidated damages hereunder. After that seven days' grace, the Buyer has the right to claim two-tenth of one percent (0.2%) of the contract price of the Product of which shipment has been delayed, per each full week from eighth day after the scheduled delivery date until actual shipping date thereof. The total amount of the liquidated damages under this Article shall not be more than one percent (1%) of the contract price of the Product delayed. The liquidated damages under this Article shall be to the full satisfaction of the Seller's liability for delay and therefore the Buyer shall not claim any other losses or damages incurred due to such delay.

6.2 If the aforesaid delay in shipment exceeds five (5) full weeks, the Buyer has the right to cancel the purchase of the Product delayed.

6.3 In the event of Force Majeure stipulated herein, liquidated damages for late delivery shall not be applied.

이 조항은 Liquidated Damage 또는 Penalty라는 조항으로 불리기도 하는데, 선적이 늦어지는 경우 지체상금을 계산하고 처리하는 방법에 대한 조항이라고 하겠다. 이 조항이 없으면 선적 일이 하루라도 늦으면 계약 취소의 사유가 되므로 Seller의 보호를 위하여 반드시 삽입하여야 하는 조항이다. 이 조항의 목적은 선적이 늦어지면서 Buyer가 제품 판매가 늦어지면서 손해를 볼 수 있고 그에 대한 보전의 의미가 있는데, 먼저 손해보전을 요구하지 않는 유예기간(Grace Period)를 먼저 정하고, 늦어지는 선적 일에 대하여 일별 또는 주 별로 벌금을 매기는 방법으로 작성하는데 가능하면 작은 비율을 적용하도록 하고, 최대한 매기는 벌금의 금액을 정하고 Buyer에게 계약을 취소할 수 있는 Option을 주어야 한다.

일반적인 상품의 경우에는 선적 지연의 문제만 다룰 수 있지만, 선박, Plant 및 건설 계약의 경우에는 Specifications상의 일부 항목에 대하여 기준에 약간 미달할 경우, 손해 배상금을 계산하는 방법에 대하여 좀 더 많은 항목을 둘 수 있다. 선박의 경우에는 Speed, Deadweight 등을 추가할 수 있고, Plant의 경우에는 Pumping Capacity도 포함시킬 수 있다.

또한, 불가항력(Force Majeure)의 경우에는 물론 나중에 규정하고 있지만, 여기에서도 Force Majeure로 인한 선적 지연 일을 벌금을 적용하는 기간에서 제외를 시키는 문구를 넣어두는 것이 좋다.

Article 7. Packing and Marking

The Product to be shipped pursuant to Article 3.2 shall be packed and marked in the manner customary for exporting.

일반적인 Packing의 경우에는 위와 같이 표현하거나 Export Standard Packing이라고 표현해도 문제가 없지만 특별한 Packing이 필요한 경우에는 이 부분에서 자세히 규정하여야 한다. 비용과도 관계가 있어서 조심할 부분이기도 한다.

Article 8. Insurance and Risk of Loss

8.1 The Buyer shall obtain and pay for all marine insurance for its own account, provided that all marine insurance obtained by the Buyer shall include, for the protection of the Seller, standard warehouse to warehouse coverage.

8.2 Risk of loss and damage to the Product shall pass to the Buyer upon delivery on board the vessel at the shipping port.

CIF 계약의 경우에는 당연히 Seller가 보험료를 부담하지만, FOB나 CNF 계약의 경우, 보험료를 Buyer가 부담하는데 Remind시켜주는 의미로 8.1의 조항을 넣어주는 것이 좋다. 그리고, 제품에 대한 Title & Risk가 Seller로부터 Buyer에게 넘어가는 시점에 대한 것을 8.2에서 규정하고 있는데, 많은 사람들이 FOB는 잘 이해하지만 CIF와 CNF 계약의 경우, 해상운임을 Seller가 부담하다 보니까 CIF/CNF 계약의 경우 화물의 Title & Risk가 목적항 도착 시에 Seller로부터 Buyer에게 넘어가는 것으로 착각하고 있다, 그러나, 공히 FOB/CNF/CIF 계약의 경우 INCOTERM의 규정에 의하여 선적항에서 화물이 선박의 난간을 통과할 때 제품의 Title & Risk가 Seller로부터 Buyer로 이전하게 된다. 그러면 CIF 계약의 경우, 해상운송 보험료를 Seller가 부담하지만 해상 운송 중에 사고가 발생하여 화물에 Damage가 발생하였을 경우에 보험 회사에 손해보전을 청구할 의무자가 행상운송 보험료를 지불한 Seller가 아닌 Buyer가 되는 점을 기억하여야 한다.

Article 9. Warranty

9.1 The Product supplied by the Seller is hereby expressly warranted to be free from defects in material and workmanship under normal use and service.

9.2 This warranty shall be limited to a period of 12 months from and including the date of shipment of the Product. The Seller shall supply to the Buyer additionally free of charge total _______ sets which is 2% of the contracted quantity in order for the Buyer to replace the defective Product during the warranty period. If the quantity of the defective Product be more than 2% of the contracted price the Seller shall supply to the Buyer the new units or components as per mutual agreement on the reason for the defects.

9.3 The above warranty shall not apply to the Product, which is used for a purpose for which it was not designed or which has been subject to normal wear and tear, damage caused by accident, misuse, abuse, improper maintenance or damage occurring during shipment.

9.4 The Seller's liability under this warranty shall be IN LIEU OF ALL OTHER LIABILITIES OF THE SELLER for defect in material or workmanship of the Product or ANY OTHER WARRANTIES, EXPRESS OR IMPLIED, statutory or at common law WHICH THE BUYER HEREBY WAIVES. In no event shall the Seller be liable for consequential or indirect damage regarding the Product.

무상수리 하자보증에 대한 조항으로서 After-sales Service가 필요한 품목에는 반드시 적용되는 조항으로서, 먼저 9.1과 같이 보증 대상 하자에 대한 범위를 잘 선택하여야 한다. 위의 'defects in material and workmanship under normal use and service'이 가장 보편적인 대상 하자인데 특히 'under normal use and service'라는 문구를 잊지 말고 삽입하여야 한다. 그렇지 않으면 사용자의 실수로 인한 하자도 보상하게 되는 경우도 발생할 수 있다. 그래서, 9.3과 같은 조항을 추가로 삽입하기도 한다. 또 조심해야 하는 부분은 'Workmanship'인데 Buyer측에서 다소 무리가 가는 Workmanship

을 요구하면 이는 방어하여야 한다. 그래서 차라리 'normal workmanship' 이라고 적는 것도 도움이 될 수 있다. 즉, 각 국가마다 workmanship의 기준이 달라질 수 있기 때문이다. 예를 들면, 한국과 독일의 workmanship은 큰 차이가 있을 수 있다.

더 중요한 부분은 9.4의 마지막 문장에 정의한 것인데 하자 그 자체만 책임을 지는 것으로 해야지 하자로 인한 추가적인 손실이나 간접적 손해는 보증의 범위에서 제외됨을 확실하게 규정하여야 한다.

또한, 아래의 Claim 부분에서 다시 언급되겠지만, 통상 하자 보증 수리를 Buyer측에서 이행하고 그 비용을 Seller에게 청구하게 되어 있다. 그런데, 그러한 비용을 처리하는 업무로 인하여 시간과 비용을 지불할 수 있어, 아예 양자간에 일정한 불량률을 합의하여 그 비율만큼 제품을 무상으로 제공하여 좀 더 경제적으로 하자 보증 수리 의무를 처리하기도 하는데 매우 유익한 방법이라고 할 수 있다.

국가간의 거래이다 보니 실무적으로 어려움을 달할 수 있는 상황이 발생하기도 한다. 위 예문에서는 Seller의 Warranty 의무를 선적일로부터 12개월이라고 규정하였는데 Buyer는 대체로 판매일로부터 12개월을 무상수리 하자보증 기간으로 설정하게 된다. 이 경우, 선적 후 화물이 Buyer측에 도착하여 실제로 판매되기 까지 짧게는 3개월, 길게는 1년도 걸리는 수가 있다. 이 부분에서 Buyer측과 다툼이 발생할 가능성이 있으므로 계약 체결 당시에 이 부분에 대한 Buyer의 명확한 이해를 구하여야 한다.

Article 10. Claim

10.1 Filing of claim of defects of the Product shall be executed and notified by and from the Buyer to the Seller fully by telex, cable or in writing within ten (10) days after the Buyer learns by use or otherwise of the defects of the Product complained of, subject to the provisions of Article 9.2 hereof.

10.2 The filing of claim by the Buyer shall be evidenced by the sample of the defective Product or photographs showing defects of the Product and annexed with standard claim form, presented in advance by the Seller and filled out in detail by the Buyer, together with inspection report which was drawn up and signed by the Seller or Seller's representative ; provided that compliance by the Buyer with these requirements shall not constitute an admission by the Seller of the merits of the Buyer's claim.

10.3 Should the Product be determined to be defective, the Seller shall pay the Buyer amounts agreed mutually by means of deducting the amounts from the contract amount of following shipments or by other agreed reasonable means in due course.

Claim관련 조항에서 중요한 항목은 우선 Claim을 제기하는 기한과 증거자료 제출이라고 할 수 있다. Claim이 발생하는 대로 즉시 문제를 제기하게 하는 조항을 반드시 넣어야 한다. 그렇지 않으면 많은 시간이 흐른 후에 제기하면 서로 Claim 해결에 많은 어려움이 따를 수 있다.

그리고, Claim에는 항상 증거 자료를 제시하도록 하여야 한다. 증거 자료의 종류는 각 품목마다의 특성에 따라 그 범위를 정하여야 한다.

또한, 많은 논란이 있는 부분은 Claim이 인정되어 어떠한 방법으로 비용을 보전하느냐 하는 것이다. 가장 쉬운 방법은 일정 비율의 제품을 무상으로 공급하여 Buyer의 재량에 따라 처리하게 하는 것이라고 할 수 있다. 그러나, 제품이 복잡하거나 금액이 큰 기계류의 경우 그렇게 처리할 수 없게 된다. 이러한 경우에는 **첫째**, 발생한 Claim의 처리에 발생된 부품이나 비용을 매번 정리하여 주는 방법이 있는데, 매번 작은 부품을 Courier로 보내면 비용도 많이 발생하여 일정 기간 모아서 처리하는 방법이 있다. **둘째**로, Claim 금액을 정산한 후 차기 Order의 금액에서 차감하는 방법이 있다. Seller 입장에서는 비용을 송금할 필요가 없어 편리한 방법이라고 할 수 있다. **셋째**로, 수리 비용과 부품을 따로 보내지 않고 승인된 Claim의 처리에 투여된 부품과 공임을 처리할 때 부품의 가격에 일정 비율을 적용하여 금액을 산정하고 동 금액을 송금하는 방법이 있다. **넷째**로, 공급 물량의 일부를 무상으로 공급하여 Claim 또는 무상수리 하자 보증에 사용하게 하면서 Claim이나 A/S에 대한 공급자의 의무를 면제시켜 주는 방법도 있다. Claim을 증명하기 어렵거나 Claim보전 절차가 쉽지 않은 경우에 사용되는 방법이다.

Article 11. Force Majeure

11.1 Except for the payments due for the Product delivered by Seller, any party("Affected Party") hereto shall not be responsible to the other party ("Non-Affected Party") for non-performance (either in whole or in part) or delay in performance of the terms and conditions of this Contract, due to war, war-like operations, terror ; act of God ; riot ; strikes, sabotage or other labor disturbances in the manufacturing plant ; lockout of the manufacturing plant ; epidemics, floods, earthquakes, typhoon ; embargoes, laws and regulations of the Buyer's country or Korean Government ; shortage or failure in supply of raw materials from the contemplated sources of supply or any other causes beyond the control of the parties. In case of any such event the terms of this Contract relating to time and performance shall be suspended during the continuance of the event.

11.2 Within five (5) days from the date of commencement of the event, the Affected Party shall advise the Non-Affected Party by telex, cable or ______ of the date when such delay in performance commenced, and the reasons therefor as enumerated in this Contract ; likewise, within five (5) days after the delay ends, the Affected

Party shall advise Non-Affected Party by telex, cable or ____ of the date when such delay ended, and shall also specify the redetermined time by which the performance of the obligations hereunder is to be completed.

불가항력(Force Majeure)조항에서 규정하는 불가항력 사유에 대하여는 오랜 기간 동안 많은 협의를 거쳐 위의 예문에 있는 것들이 거의 보편적으로 적용되고 있다. 그런데 눈 여겨 보아야 하는 부분은 노동 분쟁에 관한 것인데 노동 분쟁은 경영자의 잘못에 기인한 것으로 간주하여 제외시켜 왔었으나, 많은 노력을 기울인 결과 이제는 포함시키는 것이 자연스러워 졌다. 그러나, 아직도 반대하는 Buyer가 있을 수 있는 가능성을 고려하여 위 예문 중 'strikes, sabotage or other labor disturbances in the manufacturing plant ; lockout of the manufacturing plant'의 문구를 반드시 삽입하여야 한다.

또한, 불가항력에 있어서 중요한 두 가지는 불가항력 사유 발생의 통보 기한을 규정하는 것과 불가항력에 의하여 선적 일이 지연되는 만큼 Seller의 보상 없이 선적일을 연장하는 일이다.

Article 12. Breach, Indemnity

12.1 In the event that either party breaches any obligation under this Contract or toward a third party, delays or interferes with the other party in the performance of this Contract, it shall be liable to the other party for any reasonable direct damages sustained by the other party, but neither party shall be liable to the other party for any consequential damage or indirect damage, such as loss of profit. In the event a third party commences any proceeding for which a party hereto intends to claim indemnity, such party shall promptly notify the other party and allow suitable participation in all stages of the proceeding and settlement thereof. Failure to promptly notify or allow equitable participation by the other party shall reduce the right of indemnity by the extent of actual resultant prejudice.

12.2 It is specifically understood and agreed by both parties hereto that the Buyer shall be solely responsible for observance of any restriction against importation of the Product, including antidumping order, imposed by any federal or local authority in _________ and shall defend and save harmless the Seller from any liabilities and obligations under the restriction or any claims arising out of the infringement of the restriction.

이 조항은 어느 일방의 잘못으로 제3자가 상대방에게 책임을 묻는 경우 선의의 상대방을 보호하여야 한다는 내용인데 일반적으로 적용하는 부분이므로 그대로 사용하여도 무방하다고 할 수 있다.

Article 13. Taxes/Duties, Contingent Charges

13.1 Any duties, tariffs for import and export or other taxes or charges which are now assessed or imposed or which may hereafter be assessed or imposed by Chinese Government or other competent authorities other than Korea in connection with the Product and/or transactions thereof shall be borne and paid by the Buyer.

13.2 Increase in freight, insurance premiums, and/or surcharge, due to war, threat of war, warlike conditions, port congestion or other emergency or contingency unforeseen or not existent at the time of concluding this Contract, shall be for the Buyer's account.

계약 이행 중에 발생하는 추가 비용에 대하여 부담 주체를 명시하는 조항인데, 거의 합리적인 수준에서 정리되고 있으니 큰 부담 없이 합의하여 규정하면 된다.

Article 14. After-sales Service

The Seller may at its own judgment dispatch some experienced technicians to some places in China for the purpose of rendering effective after-sales service in connection with the Product.

이 조항과 관련, 각 제품에 따라 적용하는 방법이 다르므로 제품의 특성에 따라 규정하는 것이 좋다. 특히, Buyer가 일방적으로 기술자 파견을 우길 수 있으므로 적절한 수준에서 합의점을 찾아 조항을 완성하면 된다.

Article 15. Infringement

The Buyer shall be liable for and hold the Seller harmless from and against all losses and damages incurred and suits and claims brought by third party due to possible infringement of trademark, patent, copyright or other proprietary rights of the third party in connection with the Seller's manufacture and sale of the Product according to the Specification attached hereto as Annexure I.

Buyer의 지적 재산권 침해로 인한 손해를 입은 제3자가 Seller에게 동 손실을 청구하지 않도록 보호하라는 조항인데, 이제는 표준으로 사용하는 문장이므로 그대로 사용하여도 역시 무방하다.

Article 16. Termination

16.1 This Contract may be terminated upon occurrence of any of the following events :

i) Agreement in writing of the parties hereto;

ii) By the non-defaulting party, upon default by the other party in the performance of any of its obligations under this Contract, if not remedied within 30 days after receipt of written notice from the non-defaulting party ;

iii) By the other party, upon either party's (a) making an assignment for the benefit of creditors, being adjudged bankrupt, or becoming insolvent ; (b) having a reasonable petition filed seeking its dissolution or liquidation not stayed or dismissed within sixty (60) days ; or (c) ceasing to do business for any reason ;

iv) By the Seller, if the Buyer fails to open relevant letter of credit by more than five (5) full weeks as stipulated in Article 4.2 hereof ; or

v) By either party, if a force majeure condition under Article 11 hereof makes it unreasonable to proceed with this Contract in the foreseeable future.

16.2 Upon termination of this Contract, neither party shall be discharged from any antecedent obligations or liabilities to the other party under this Contract unless otherwise agreed in writing by the parties hereto.

16.3 Nothing in this Contract shall prevent either party from enforcing such remedies as may be available in lieu of termination.

계약 해지 조항인데, 유의할 사항은 계약 해지 사유 및 제한 기간이며, 16.2와 16.3은 반드시 삽입하여 계약이 해지되더라도 상대방이 의무를 이행하도록 조치하여야 합니다.

Article 17. Arbitration

All disputes arising in connection with this Contract shall be finally settled by arbitration in Hong Kong(or such other place as the parties may agree in writing), pursuant to the rules of arbitration then in force of the International Chamber of Commerce. The arbitration award may take the form of an order to pay a sum of money and/or to perform or refrain from an act.

양자간에 발생한 분쟁 해결 방안인데, 중요한 사항은 중재 장소와 적용 중재법이며, 통상 중재 결정이 최종이라는 문장이 넣기도 한다. 예를 들면, 'The award of Arbitration Board will be final and binding upon both parties.'를 삽입하기도 한다. 그리고, 중재 장소에 대하여는 일부 선진국을 제외하고는 거의 대부분이 Buyer국가로 결정되고, 적용 중재법도 Buyer국가의 중재법이 적용된다고 보면 된다.

Article 18. Governing Law

This Contract shall be governed by and construed in accordance with the laws of HongKong. However, the trade terms shall be construed in accordance with INCOTERMS 2000.

계약서 해석에 적용되는 준거법(Governing Law)도 역시 Buyer 국가법이 적용되는 것을 피하기는 어려울 것이다.

Article 19. Assignment

19.1 The Buyer shall not assign this Contract to any other person without the Seller's prior written consent. In the event of assignment with the written consent of the Seller, the Buyer shall not be relieved from its obligations under this Contract and shall be held responsible for its performance.

19.2 The Seller may transfer or assign all or any part of its rights and obligations under this Contract to any one of its subsidiaries or affiliated companies, provided always that the Seller shall not be relieved from its obligations under this Contract and shall be held responsible for its performance.

이 조항에 대하여는 그다지 많은 관심을 보이지 않는데 일단 계약서에 포함되면, 이 조항에 따른 의무를 반드시 이행하여야 한다. 필자도 사실 그저 무관심하게 지나간 부분인데 운이 좋았다고 봐야 할 것이다.

Article 20. Non-Waiver

No claim or right of either party under this Contract shall be deemed to be waived or renounced in whole or in part unless the waiver or renunciation of such claim or right is acknowledged and confirmed in writing by such party.

이 조항은 거의 표준적으로 사용하는 문장이므로 그대로 사용하면 된다.

Article 21. Notice

21.1 Unless otherwise agreed in writing by the parties, all notices, demands and other communications required or permitted to be given in this Contract, shall be written in English and shall be sufficiently given if delivered in person or sent by airmail, by e-mail, by cable, by fax, or by telex, addressed as follows :

________________(the Buyer) ____________________(theSeller)

Address :
Cable :
Telex :
Telephone :
e-mail :
Fax :

계약 당사자가 주로 회사이기 때문에 편지든 이메일이든 서로 교신하는 상대방을 사전에 지정하는 것이 매우 중요하다.

Article 22. Effective Date and Term

This Contract shall become effective upon signing of the duly authorized representatives of both parties hereto and remain in full force and effect up to shipment of all quantity unless terminated earlier pursuant to Article 16.

계약 발효 일을 규정하는 조항인데 보편적으로 예문과 같이 적고 있지만 Plant, 건설 또는 선박처럼 복잡한 거래에서는 별도의 계약 발효 조건을 규정하게 된다. 예를 들면, 금융기관의 대출 승인, 정부 관련 기관의 승인 그리고 'Approval of Board of Directors'와 같은 이사회 승인을 발효 조건으로 넣기도 한다.

6) 아래 문장은 계약서의 후문에 해당한다.

IN WITNESS WHEREOF, the parties hereto have executed this Contract as of the day and year first above written.

The Seller ____________________ The Buyer ____________________
By: __________________________ By: __________________________

Typed Name: ________________ Typed Name: ________________
Position: ___________________ Position: ___________________

(7) 이상과 같이 표준 계약서의 각 조항 별로 검토하여 보았는데, 물론 영어를 구사할 줄 알아야 계약서를 작성할 수 있다. 그러나, 영어에 자신이 없다고 부하 직원이나 변호사에게 무조건 일임하는 것은 옳지 않고 적어도 계약서의 각 조항에서 꼭 챙겨야 하는 부분을 알고 있어야 한다. 그래서, 영어로 계약서를 작성할 줄 아는 부하 직원이나 변호사가 작성하는 계약서의 각 조항에 대하여 의사 결정을 해 줄 수 있는 능력을 키워야 한다.

(8) 특히, 변호사에게 계약서 작성을 의뢰하는 경우, 모든 변호사들은 계약서의 내용을 리스크가 없도록 작성하게 되는데, 당연히 Buyer와 의견 차이가 발생할 수밖에 없다. 왜냐하면 우리에게 일방적으로 유리하게 작성될 터이니 당연히 Buyer가 받아들이지 않을 것이다. 따라서, Buyer측과 최대한 협상을 해 봐야 하는데 만약 Buyer측과의 협상이 이루어지지 않고 팽팽한 평행선을 긋고 있을 때에는 불일치 조항을 받아 들였을 경우에 발생 가능한 리스크를 분석하여 그 문제를 영업적으로 풀어내는 대안을 찾아야 한다.

(9) 대체로 많은 경우에 Buyer가 끝까지 우겨서 계약 체결이 늦어지게 되는데, 속이 타는 것은 Seller측이라고 할 수 있다. 이럴 때 문제점을 극복할 수 있는 방법을 잘 찾아서 계약 내용의 위반 없이 계약을 이행할 수 있는 방법을 모색하여야 한다.

성공하는 직장생활 TIP 10

극심한 경쟁 시대를 헤쳐 나가는 리더의 도전장

1. 과정에 도전하라

1) 기회를 포착
2) 새로운 것을 시도하고 위험을 감수

2. 공유한 비전을 선포하라

1) 미래를 제시
2) 다른 사람들을 동참하도록 유도

3. 다른 사람들을 움직이게 하라

1) 협동하는 분위기 구축
2) 권한과 정보를 공유

4. 본을 보여라

1) 솔선수범
2) 손 쉬운 것부터 완성

5. 마음을 움직여라

1) 개인별 기여를 인정
2) 달성을 축하

11 신용장 접수 시 점검 사항

(1) 신용장을 접수하면 확인할 사항들이 많다. 경험이 많은 직원들은 신용장의 첫 줄부터 검토하면 되지만, 경험이 부족하거나 초보자의 경우에는 어떤 사항을 점검하여야 하는지 모르는 경우가 많을 것이다. 그래서, 신용장을 접수하면 검토하여야 할 사항들을 사안별로 정리하여 보았다.

(2) 먼저 양자간의 계약 내용과 동일한지 점검할 사항은 아래와 같고 특히 철자법이 맞는지 정확하게 확인하여야 한다. 왜냐하면 수혜자 회사명이 종종 틀리는 경우가 있는데 신용장을 수정하지 않으면 신용장상에 틀리게 표시된 대로 선적 서류를 작성하여야 하기 때문이다.

1) 50항 Applicant (개설인)
   - 주로 Buyer가 되는데 간혹 다를 수도 있음.
2) 59항 Beneficiary (수혜자)
3) 32B Currency (화폐 단위)
   - 당초 계약한 화폐 단위가 맞는 지 확인 필요
   - 특히, Euro Dollar나 Pound로 계약한 경우에 확인 필요
4) 39A Percentage Credit Amount Tolerance
   - 철강 제품, 화학 제품, 원유 등 정확한 수량 선적이 불가한 제품들은 반드시 Tolerance (허용범위)를 기재하는데 이 부분이 빠지지 않았는지 반드시 확인하여야 한다.
5) 44E항 Port of Loading (선적항)
6) 44F항 Port of Discharge (목적항)
7) 44C항 Latest Date of Shipment (선적일)
   - Buyer와 계약한 선적일과 동일한 지의 여부를 확하여야 함.

8) 45A항 Description of Goods (제품 명세)

- 오타가 가장 많이 발생하는 부분이므로 특별히 집중하여야함.
- 수량 표시에 있어서 Allowance가 필요한 품목은 표시되어 있는지 확인 요
- 단가, 포장, 수량 등에 대한 표시가 맞는지 잘 확인하여야 함.

(3) 계약 내용에는 명시되지는 않지만 신용장에 영향을 주는 항목들을 확인할 필요가 있고 그 항목들은 아래와 같다.

1) 40A Form of Documentary Credit

- IRREVOCABLE(취소불능)이 명시되어 있어야 하며, 나중을 위하여 사용하지 않더라도 TRANSFERRABLE을 표기해 두는 것이 좋다.
- Transferrable L/C의 활용에 대하여는 아래에 별도로 설명을 하겠다.

2) 31D Date and Place of Expiry

- 신용장 만기일은 통상 선적일 이후 14일의 여유를 주는 것이 통상의 예인데, 그 이유는 선적 후 선적 서류를 작성하여 은행에 제출하여 개설은행까지 도착하는 시간을 염두에 둔 날짜이다.
- 만기 장소에 있어서 주의할 사항은 반드시 만기 장소를 신용장 수혜자국가로 하여야 한다. 만약 만기 장소가 신용장 개설인 국가로 기재되면, 은행에 제출한 서류가 만기일전에 신용장 개설인 국가에 도착하여야 하기 때문에 서류가 준비하는 시간이 부족하여 질 수 있다.
- 따라서, 만기 장소가 신용장 개설인 국가로 표시되었으면 반드시 신용장 수혜자 국가로 수정하여야 한다. 실제로 제품 선적 후 선적 서류를 작성하다 보면 시간을 많이 허비하는 경우가 많기 때문이다.
- 제품이 제3국으로부터 오는 경우에는 서류 제출 기한을 21일까지 허용하기도 한다.

3) 41a Available with ___ by __________

- 신용장을 통하여 대금을 회수하는 방법을 기재하는 조항으로서, 'with' 다음에는 은행명을 넣어서 대금을 받을 수 있는 은행을 지정할 수 있다. 그런데 은행이 지정되면 갑자기 은행비용을 올려도 하소연할 때가 없기 때문에 매우 위험하다 할 수 있다. 과거에는 중동계 은행들이 중동계 은행만을 통하여 대금 지불을 받게 하였는데 이제는 많이 달라진 상황이다. 따라서 'with' 다음에 주로 'any bank'라고 표시하고 있다.
- 'by' 다음에는 대금을 회수하는 방법을 표시하는데 'payment', acceptance' 'negotiation', 'deferred payment'의 4가지로 표시할 수 있다.
- 'by negotiation'이라고 표시하였을 경우에는 선적 후 즉시 은행에 선적서류를 매입시키면서 대금을 회수할 수 있다. 'negotiation' 이라는 단어가 없으면 운행에 매입시킬 수 없으니 이 경우에는 Buyer에게 요청하여 신용장을 수정(amend)시켜야 한다.
- 'by payment'라고 표시되면, at sight L/C에서 적용되는 것인데 은행의 선적서류 매입을 허용하지 않으니 서류를 개설은행으로 보내면 개설은행이 서류를 확인하고 나서 대금을 보내주겠다고 하는 의미이다. 따라서, 매입시보다 늦게 대금을 회수하게 된다. 신용장 통일 규칙 상 8일이 소요된다고 명시되어 있다.
- 'by acceptance'라고 표시되면, Usance L/C에서 적용되는 것인데 선적서류를 매입시키지 말고 서류를 개설은행으로 보내면 일단 개설은행이 서류를 인수(acceptance)하고 일정 기간 후에 대금을 지급하겠다는 의미이다. 따라서, 선적과 동시에 대금을 지불하는 것이 아니기 때문에 Seller입장에서는 매우 불리한 조건이라고 할 수 있으니 이 부분도 반드시 Amend시켜야 한다.
- 'by deferred payment'라고 되어 있으면, 선적서류의 매입을 허용하지 않으면서 일정 시간 후에 대금을 지불하겠다는 의미이

다. 이러한 조건을 내세우는 신용장은 거의 없는 상황이다.

- 'by negotiation'으로 표시되는 경우, Beneficiary는 은행이 선적서류를 매입할 때 신용장 대금을 회수하는 기회를 가지게 된다. 과거에는 매입을 허용하지 않고 추심방식으로 신용장의 결제대금을 송금하는 경우가 많았으나, 최근에는 거의 대부분의 신용장들이 은행의 선적서류 매입을 허용하고 있어서 신용장 Beneficiary들이 조속히 신용장 결제 대금을 회수하게 되었다.
- 또한 모든 신용장은 상환 청구 가능 신용장이기 때문에 신용장 결제 은행이 어떠한 이유에서든 신용장 대금을 결제하지 않는 경우 — 흔히 Unpaid라고 부른다 — 선적서류를 매입한 은행은 신용장 수혜자(Beneficiary)에게 매입 대금의 반환을 요청할 수 있다. 특히, 후진국들의 은행에서 신용장을 개설하거나 신용장 대금의 결제 은행이 후진국 은행일 경우에 이러한 일이 많이 발생할 수 있다. 이러한 Risk를 극복할 수 있는 방법을 아래에 다시 별도로 소개하겠다.

4) 42C Drafts at

- 신용장 결제 대금의 지급 시기를 표기하는 항목으로서 우리가 신용장을 접수하기 전에 가장 관심을 기울이고 신용장 개설인과 협상하는 항목이라고 할 수 있다.
- Draft는 어음이라고 번역하는데 실제적으로는 'Bill of Exchange'를 의미한다. 즉 어음의 지급 시기를 표시한다고 할 수 있다.
- 이 항목에 'At sight(일람불)'라고 표기되어 있으면 선적서류를 은행에 제시하였을 때 그 즉시 신용장 대금을 결제한다는 것을 의미하고, 'At' 다음에 '***days'또는 'Usance (기한부)'로 표기되어 있으면 신용장 대금을 일정 기간 후에 지급하겠다는 의미이다.
- 흔히 초보자들의 경우에 Usance L/C를 받으면 무척 당황하는 경우가 많은데 이 점에 대하여는 아래에 다시 설명하기로 한다.

5) 42a Drawee

- 신용장 대금을 실제로 지출하는 은행으로 '결제 은행'이라고 부른다. 좀 더 정확한 표현은 어음인수자라고 번역할 수 있다.
- 많은 초보자들이 신용장 개설은행이 신용장 대금을 지출 또는 결제한다고 생각하고 있지만 반드시 그러한 것은 아니다. 물론, 대부분의 신용장의 개설은행과 결제은행이 동일하지만 가끔 달라질 경우가 있으니, 잘 살펴보아야 한다.
- 특히, 신용장은 세계일류은행에서 개설하고 결제은행은 후진국 은행으로 지정하여 Beneficiary를 현혹시킨 후, 신용장 결제 대금을 지출하지 않게 하는 무역 사기도 충분히 가능한 일이기 때문에 신용장을 접수하면 반드시 확인하여야 한다.
- 간혹 많지는 않지만 신용장마다 53a항 (Reimbursement Bank)에 상환은행 명을 기재하는 수가 있으니 이 부분이 있는지 잘 살펴보아야 한다.

6) 43P Partial Shipment

- 분할 선적이라고 번역을 하는데, 바이어로부터 받은 주문서에 따라 바이어가 주문한 제품의 전량을 한 번에 선적하지 않고, 여러 번에 나누어 선적하는 것을 의미한다.
- 당연히 통상 바이어들은 분할 선적을 원하지 않고 있다. 약간의 비용도 추가로 지출될 뿐만 아니라, 제품 수입 후 판매하는 전략에도 영향을 주기 때문이다.
- 물론 바이어와의 계약서에는 분할 선적에 대한 언급을 하지 않는 경우가 많다. 왜냐하면 계약 당시에는 한 번에 선적해야 한다는 책임과 할 수 있다는 자신감이 넘치기 때문에 별로 관심을 기울이지 않는 항목이라고 할 수 있다.
- 그러나, 실제로 제품을 생산하다 보면 예기치 못한 사유로 제품의 전량 생산이 불가한 경우도 생길 수 있다. 예를 들면, 10,000대의 핸드폰을 선적하기로 약속하였는데 예정된 선적일까지 9,000

대의 핸드폰만 생산되는 경우, 분할 선적이 허용되지 않고 전량을 선적하기로 되어 있다면 9,000대에 대한 대금도 회수하지 못하는 경우가 발생한다.

- 만약, Partial Shipment가 허용되어 있으면, 9,000대만 생산되어도 선적서류를 작성하여 은행에 제출하면 은행이 받아주고 Beneficiary는 신용장 대금을 회수할 수 있게 된다. 따라서, 아무리 예정된 선적 일까지 전량 선적할 수 있다고 하여도 신용장을 받을 때에는 무조건 Partial Shipment가 허용되도록(Allowed) 지정하게 해야 한다.

7) 43T Transshipment

- 환적이라고 불리는데, 선적항에서 목적 항까지 한 번에 항해하는 것이 아니라 중간에 다른 항구에 들러서 배를 바꾸어 선적하는 것을 의미한다.
- 중간 기착 항에서 물건을 부두에 내렸다가 다시 배에 실을 경우, Cargo에 Damage가 발생 할 가능성이 높아서 바이어들은 당연히 환적을 싫어하고 때때로 금지시키는 경우가 많다.
- 그런데, C&F/CIF 거래의 경우, Seller가 해상운임을 부담하게 되는데 원가 절감의 차원에서 환적을 고려하는 경우가 많다. 특히, 제품 가격에서 마진이 그다지 높지 않을 경우, 해상운임에서라도 작지만 약간의 마진을 취하고 싶어진다. 이러한 경우에는 당연히 바이어에게 환적을 허락하여 달라고 사전에 요청하는 것이 필요하다.
- 또한, 당초에 환적을 고려하지 않았다고 하더라도 직항 선박의 일정이 환적보다 도착항에 도착하는 것이 늦을 경우, 바이어의 즉각적인 영업을 위하여 항해 일을 줄일 필요가 발생할 수 있다.
- 여하튼 Partial Shipment와 같이 실제로 활용할 기회가 없다고 할지라도, 신용장상에는 'Allowed'로 표기하게 하여 장차 발생할 수 있는 긴급 상황에 대처할 준비를 할 필요가 있다. 어떤

경우에는 바이어 측에서 환적을 희망할 경우도 있을 수 있으니 환적을 항상 허락하게 할 필요가 있다.

8) 46A Documents Required

- 무역 실무에서 사용되는 신용장은 거의 대부분 화환신용장 (Documentary Credit)이기 때문에 신용장상에 표기된 작성서류의 종류 및 내용에 대하여 매우 집중을 하여야 한다.
- 작성이 어려운 서류를 요구한다든지 서류를 준비하는데 비용이 많이 드는 경우가 발생할 수 있기 때문이다. 그래서, 가능하면 작성하는 서류를 최소화하거나 작성이 쉬운 서류로 대체하여야 한다.
- 물론, 무역 계약서 설명에서 제안하였지만, 신용장 선적서류의 종류와 작성 방법에 대하여 미리 바이어와 체결하는 계약서에 내용을 삽입하는 것이 매우 유용할 때가 있다. 어쩌면 나중을 위하여 바이어를 설득하여 미리 준비하는 것이 시간과 비용을 절약하는 길임을 기억하여야 한다.
- 선적서류 모두를 잘 검토하여야 하지만, 특히 은행에 제출하여야 하는 Original 선하증권 (B/L, Bill of Lading)의 매수를 잘 확인하여야 한다. 3장으로 되어 있는 Original B/L을 은행에 제시함에 있어서 통상 Full Set (3 Original B/L)를 제출하라고 되어 있지만, 가끔 선적일정 때문에 3장의 Original B/L중 2장만 은행에 제시하고 나머지 1장의 Original B/L은 바이어에게 선적과 동시에 직접 Courier편으로 보내달라고 지시하는 경우가 있다. 이 부분을 잘 짚어서 그대로 따라야 하는데 은행에 제시한 2장의 Original B/L과 관계없이 바이어가 받은 1장의 Original B/L을 선박회사에 제시하면 선박회사는 Cargo를 바이어에게 내어 주어야만 한다. 따라서, 이러한 리스크는 정말 신뢰할 수 있는 바이어 외에는 적용할 수 없으니 주의할 사항이라고 하겠다.
- 가장 기본적인 선적서류는 Commercial Invoice, Packing List,

Bill of Lading, Certificate of Origin, Insurance Policy (CIF 계약의 경우)인데, 이외에 각종의 Certificate을 요구하게 된다. 요즈음에는 주로 Beneficiary's Certificate을 제시하라고 되어 있는데 품목에 따라서는 검사기관의 Certificate을 제시하라고 된 경우도 가끔 나타나게 된다. 우리나라의 신뢰도가 그다지 높지 않았던 과거에는 SGS같은 검사기관의 Certificate을 요구한 적이 많았는데 SGS의 검사가 까다롭기로 악명(?)이 높아서 SGS의 Certificate을 제시하도록 신용장에 기재되면 무역 담당자들이 매우 힘들어 하였다. 지금은 많이 완화되어 그다지 어렵지 않은데 여하튼 어떤 또 다른 검사기관의 검사증을 요구하는지 눈여겨 보아야 한다.

- 또한, 선적서류 작성 요령을 잘 살펴보아야 한다. 매 서류마다 항상 기재하여야 하는 항목들이 많다. 가장 대표적인 것이 신용장 번호와 개설일, 주문서 번호(P/O, Purchase Order, number)이고 바이어마다 특별히 자신의 관리를 편리하게 하기 위한 관리 번호 내지는 Marking을 넣는 수도 많으니 빠뜨리지 않도록 주의하여야 한다.

9) 71B Charges

- 대부분 은행 비용(Banking Charges)에 대하여 언급하는 항목인데, 가끔 수입 관세 또는 제3국 경유 시 발생할 수 있는 비용도 포함될 수 있다.
- 일단 'Any charge outside Korea to be borne by Applicant'로 기재하여 한국을 벗어나서 발생하는 비용을 모두 바이어가 부담하도록 하여야 한다. 반대로 바이어는 자기네 국가를 벗어나서 발생하는 비용을 모두 우리 Seller에게 부담시키려고 하는데, 일단은 우겨서라고 'Outside Korea'을 관철시켜야 한다. 왜냐하면 어떤 비용이 어떻게 발생할지 모르는 일이기 때문이다. 그러나 통상 그렇게 Serious한 항목이 아니기 때문에 바이어와 별다른

마찰이 없는 경우가 대부분이다.

10) 48 Period of Presentation

- Cargo 선적 후 선적서류를 은행에 제시하는 기일을 지정하는 항목이다. 물론, 선적한 후에 무조건 빨리 대금을 회수하여야 하는 Seller입장에서는 당연히 선적 후 가장 빨리 선적서류를 제출하여야 하지만, 가끔 대기업들 중에서는 월말에 거의 대부분의 선적이 몰리기 때문에 일부 서류를 늦게 작성하여 제출하는 경우가 발생한다.
- 바이어 입장에서는 B/L을 빨리 받아서 물건을 찾은 다음 시장에 공급하여야 하기 때문에 서류가 늦으면 영업에 지장이 초래될 수 있어서 아예 신용장상에 서류 제출 기일을 지정하는 경우도 있음을 기억하고 서류 제출일을 잘 점검하여야 한다.

11) 49 Confirmation Instructions

- 신용장을 받을 때 또 큰 관심을 쏟는 부분이 대금 결제가 잘 이루어질까 하는 문제이다. 신용장 개설은행 또는 결제은행이 불안하면 나중에 ‘Unpaid’가 날까 봐 노심초사하게 된다.
- 그래서, 계약서에서 언급한 바와 같이, 세계일류은행 (First Class International Bank/Prime Bank)에서 신용장을 개설할 것을 요구하게 되지만 그것이 여의치 않을 경우도 있다. 이 경우에 다른 신뢰성이 있는 은행의 Confirmation(확인 또는 보증)을 받도록 요구하여 제3은행이 Confirm하였을 때 이 부분에서 ‘Confirmed’라고 표기하게 된다.
- 제3은행이 보증하지 않을 경우에는 ‘Not confirmed’ 또는 ‘without confirmation’으로 표기하게 된다.

(4) 흔히 신용장의 독소조항이라고 하는데 선적 서류(Shipping Documents)를 작성하는데 어려움을 주는 항목들이 있고, 그러한 내용들은 주로 아래 항목에 기재되어 있으니 애매한 조항이 있는지 잘 살펴야 하고, 만약 그러한 사항이 있으면 신용장 개설인에게 연락하여 즉시 수정

(Amendment)하도록 요청하여야 한다.

1) 46A Documents Required

2) 47A Additional Conditions

3) 78 Instructions to the Paying/Accepting/Negotiating Bank

(5) 무역 초보자들이 어려워하는 문제들

1) 무역 업무에 경험이 많은 사람들은 별로 어려움을 느끼지 않을 수 있으나 초보자들은 경험 및 지식의 부족으로 인하여 매우 큰 벽에 부딪히는 느낌을 받는 경우가 있다. 그러한 문제에 대하여 대처하는 방법을 설명하고자 한다.

2) Usance L/C

- Usance L/C는 Cargo 선적 후 일정 기간 후에 대금을 받는 것을 조건으로 개설되는 신용장이다. 초보자들은 선적 후 즉시 대금을 회수하여야 한다는 강박감으로 바이어가 Usance L/C를 개설한다고 하면 일단 거부감을 느끼게 된다. 선적 후 대금 회수일까지의 자금 부담을 걱정하기 때문이다.
- 그런데 위에서 설명한 바와 같이 은행에서 선적 서류의 매입을 허용하는 경우, Beneficiary의 선적 서류를 은행에서 선적과 동시에 매입을 하면 'At Sight L/C'와 같은 효과로 신용장 대금을 회수할 수 있다. 다만, 은행에서 일정 기간 후에 입금되는 대금을 미리 선적 서류의 매입을 통하여 대금을 지불하다 보니 최종 결제일까지의 이자를 청구하게 된다. 이러한 비용을 환가료라고 부른다.
- 따라서, 비록 Usance L/C라고 부르지만 신용장에 선적서류의 매입을 허락하면 선적과 동시에 대금 회수가 가능하니 걱정하지 말고 Usance L/C를 받되, 바이어에게 제시하는 제품 단가에 Beneficiary가 은행에 지불하는 환가료만큼 더 반영하여야 한다.
- 결론적으로, 신용장 개설은행이나 결제은행을 믿을 만 하다면 전혀 걱정할 필요 없이 Usance L/C를 Accept하여야 한다.

- 한편, Usance에는 두 가지가 있는데, Supplier's Usance (혹은 Supplier's Credit으로 표기하기도 함)와 Banker's Usance (혹은 Banker's Credit으로 표기하기도 함)가 있다. 전자는 Beneficiary가 신용장의 대금 결제를 일정 기간 후에 받겠다는 것이고, 후자는 신용장 대금 결제 은행이 신용장 대금을 'At Sight'로 결제하고 Applicant로부터는 일정 기간 후에 대금을 징수하는 것을 뜻한다. 그래서, Banker's Usance의 경우, 신용장상에 표기하는 경우도 많다. 일부 초보자들은 신용장을 읽는 중에 Usance라는 단어를 보고 놀라는 경우도 있는데 이때에는 Banker's Usance 인지 아니면 Supplier's Usance인지를 잘 읽어 보아야 한다.

3) 후진국 은행의 신용장
- 무역회사들의 여러 고민들 중에 상당 부분은 거래처가 신용도가 떨어지는 후진국 은행에서 신용장을 개설하겠다고 하는 경우이다. 왜냐하면, 신용장 대금 결제 시 'Unpaid'될 가능성이 매우 높기 때문이다.
- 물론, 은행에서 선적서류 매입을 해 주기도 하지만 실제로 신용장 대금의 'Unpaid'시 Beneficiary는 선적 서류 매입 대금을 돌려주어야 한다. 즉, 신용도가 떨어지는 후진국 은행의 신용장은 우선 한국측 은행에서 매입을 하지도 않을뿐더러, 매입을 했다 하더라도 추후에 'Unpaid'가 발생할 가능성이 높다고 할 수 있다.
- 이러한 경우가 가장 어려운 부분인데, 후진국 바이어들과 거래할 때에는 신용장이 개설되기 전에 어느 은행에서 개설할 지를 서로 협의하여야 한다. 세계일류은행 (First Class International Bank, Prime Bank)에서 개설하여 달라고 요청하여도 근본적으로 불가능한 바이어들도 많다.
- 그래서, 바이어로부터 신용장 개설은행에 대한 정보를 받으면 먼저 그 은행의 전 세계 신용도 순위를 점검하여 보아야 한다.

만약, 순위가 매우 낮으면 몹시 당황하게 되는데 이때에는 'Forfeiting'이라는 방법을 추진하여야 한다.

- 참고로, 아무리 후진국 은행이라고 하더라도 국제 송금 및 상호간의 업무 연락을 위하여 각 국가의 은행들과 특별한 관계를 구축하고 독점적으로 거래를 하게 된다. 이러한 거래 관계를 'CORRESPONDANT'라고 표현하는데 줄여서 'CORRES'라고 표기한다.
- 우리가 받을 신용장을 개설할 후진국의 은행에 대한 정보를 가지고 한국내의 은행들과 협의를 시작하여 그 후진국 은행과 CORRES관계를 맺은 은행을 찾아야 한다, 왜냐하면, 후진국 은행과 CORRES관계를 맺은 한국측 은행은 그 은행과 거의 매일 자금 이체 등 거래 관계가 있다. 따라서, 후진국 은행과 CORRES 관계를 맺은 한국측 은행이 신용장 선적서류를 매입하였을 경우, 만약 후진국 은행 측에서 아무런 이유 없이 결제대금을 지불하지 않으면 'Unpaid' 한국측 은행은 후진국 은행으로 지불할 자금의 일부를 신용장 대금과 상계하게 된다.
- 결국, 후진국 은행과 CORRES관계를 맺은 한국측 은행은 신용장 대금 결제에 대하여 RISK Zero가 된다. 이러한 은행 측과 선적서류 매입에 대한 협의를 진행하는데, 서적서류 매입 대금 상환 청구가 가능한 일반 신용장이지만, 한국측 은행에서 매입 대금을 무슨 일이 있어도 상환 청구를 하지 않겠다는 계약을 추진하여야 한다. 이러한 계약을 FORFEITING 계약이라고 하는데, 이미 CORRES관계를 맺은 은행에 대하여는 RISK ZERO이기 때문에 선적 서류 매입 대금 상환 청구를 할 필요가 없다.
- 결론적으로, 후진국 은행에서 개설되는 신용장의 경우, 후진국 은행과 CORRES관계를 맺은 은행을 찾아 FORFEITING 계약을 체결하면 신용장 대금 'Unpaid'에 대한 불안을 해소할 수 있다.
- 그래서, 후진국 은행에 대한 정보를 입수하면 한국측 은행들을

모두 접촉하여 CORRES관계를 맺은 은행을 찾는 노력을 해야 한다. 만약, CORRES관계를 맺은 은행이 없다면, 결국 그러한 거래처와의 Business는 더 이상 진행되지 않을 것이다.

4) TRANSFERRABLE L/C (이전 가능 신용장)

- 무역 업무 경험이 있는 사람일지라도 TRANSFERRABLE L/C에 대한 지식이 없어 중요한 거래를 놓치거나 많은 수익을 올리지 못하는 경우도 가끔 발생함을 볼 수 있다.
- 그러한 일은 두 가지로 구분될 수 있다. 첫째, 서로 다른 국가에 있는 거래처를 중간에서 작업을 하여 거래를 성사시키는 경우인데, Cargo가 중간에 거래를 알선한 무역회사를 거치지 않고 Seller국가에서 Buyer국가로 직접 선적되는 경우가 발생할 수 있다. 이러한 것은 3구간 거래라고 한다.
- 이 경우 일반적인 예는 Buyer가 중간 무역회사로 신용장을 개설하고 중간에 있는 무역회사는 다시 Seller에게 신용장을 개설하여야 한다. 흔히 초보자들이 착각하는 것은 중간 무역회사가 받은 Master L/C를 담보로 Seller에게 신용장을 개설할 수 있다고 생각하는 것이다. 그런데, 그러한 일은 절대로 가능하지가 않고 중간의 무역회사는 자신의 능력으로 별도의 신용장을 Seller에게 개설하여 주어야 한다.
- 만약, 중간 무역회사가 대기업이라서 별도의 신용장 개설이 문제가 없는데, 1인 무역회사나 자금 여유가 많지 않은 무역회사의 경우에는 별도의 신용장 개설이 어려울 수도 있다. 그래서, 중간의 무역회사가 별도의 신용장을 개설하지 못하게 되면, Buyer가 Seller에게 직접 신용장을 개설하게 하고 중간의 무역회사는 Seller 또는 Buyer로부터 거간 수수료를 받는 방법을 택하여야 한다.
- 그런데, 이러한 거래의 경우, 첫 번째 거래에 대하여는 중간 무역회사가 수수료를 취할 수 있겠지만 다음 거래부터는 Buyer와

Seller가 서로 직접 거래를 시작하여 중간 무역회사는 낙동강 오리 알이 될 가능성이 매우 높다. 그래서, 그러한 일을 방지하기 위하여 중간 무역회사가 택할 수 있는 방법은 국내의 종합 무역상사와 협의하여 종합 무역상사가 별도의 신용장을 개설하게 하여 Buyer와 Seller가 직접 거래하는 기회를 차단하는 방법이다.

- 그러나, 이 경우에는 신용장을 개설하여 주는 무역종합상사에 자신의 수익을 나누어 주어야 한고 또 많은 경우에 해당되는 것이지만 무역종합상사에 이 거래를 빼앗기는 사태도 피할 수 없는 일이 될 수 있다.
- 또한, 위와 같은 3국간 거래 외에, 국내의 제조업체로부터 제품을 구매하여 해외 Buyer에게 수출하는 경우, 해외 Buyer로부터는 신용장을 받지만 국내 제조업체가 내국신용장(Local L/C)의 개설을 요구하는 경우가 많다. 물론 해외 Buyer로부터 받은 Master L/C를 담보로 Local L/C를 개설할 수가 없다. 무역회사가 Local L/C를 개설하려면 은행에 개설 자금 또는 담보를 제공하여야 하는데 만약 그러한 여력이 없으면 문제가 발생하게 된다.
- 이 경우, 위와 같은 3국간 거래의 사례와 같은 방법을 택할 수밖에 없는데, 매우 답답하고 어려운 상황에 닥치게 되는 것이다. 이러한 상황에서 중간 무역회사가 자금 부담 없이 Seller 또는 제조업체에 대금 결제를 보증할 수 있는 신용장을 개설하여 주는 방법이 바로 Transferrable L/C라고 하겠다.
- 먼저, 중간 무역회사가 받는 Master L/C의 신용장 Form에 Irrevocable과 함께 Transferrable이라는 단어를 기재하도록 하여야 하고, Buyer로부터 Master L/C를 받으면 은행에 신용장 이전(Transfer, T/S)을 신청하여야 한다. 그러면 은행은 Master L/C의 조건 중에서 신청자가 요구하는 조건의 변경을 반영하여

그 신용장을 해외에 있는 Seller 또는 국내의 제조업체에 보내게 된다. 이 경우, 해외 Seller와 국내 제조업체가 다시 신용장 수혜자 (Beneficiary)가 되는데 Master L/C를 받은 중간 무역회사도 역시 beneficiary이기 때문에 이를 구분하기 위하여 신용장 상에 중간 무역회사를 First Beneficiary로 표기하고 해외 Seller와 국내 재조업체를 Second Beneficiary로 표기하게 된다.

- 신용장을 이전할 때 조정하는 항목은 당연히 금액 부분이 된다. 왜냐하면, 중간 무역회사가 취하는 이윤을 빼고 Seller나 제조업체에 지불하여야 하니까 자신의 이윤만큼 줄여서 신용장을 이전하게 된다.
- Cargo가 선적되면, 해외 Seller나 국내 제조업체(Second Beneficiary)는 자신들의 Invoice 와 Packing List를 포함하여 선적서류를 은행에 제출하고 서류를 접수한 은행은 동 서류를 중간 무역회사(First Beneficiary)에 통보하고 First Beneficiary의 Commercial Invoice와 Packing List로 바꾸어 선적서류를 신용장 개설은행으로 보내게 된다.
- 신용장 대금이 결제되어 선적서류 매입은행에 오게 되면 은행은 전액을 First Beneficiary에게 지불하는 것이 아니라 금액을 나누어 First Beneficiary와 Second Beneficiary에게 각자의 비율대로 나누어 입금시키게 된다. 이러한 방법으로 진행하면 중간 무역회사는 추가 자금 부담 없이 또 거래에서 배제됨이 없이 거래를 마무리하고 지속적으로 가래를 만들어 갈 수 있는 상황이 되는 것이다.
- 의외로 이러한 Transferrable L/C에 대한 지식이 없어서 3국간 거래 또는 중요한 수출 거래를 놓치는 경우가 많다고 볼 수 있다. 그래서, 무역회사를 창업하여 무역을 전문화하는 소상공인 및 청년 사업자들이 잘 익혀두어야 하는 거래방식이라고 할 수 있으며, 이러한 방법을 통하여 회사의 성장을 이루어 낼 수 있

는 방법이 된다고 할 수 있다.

5) 기타 신용장 종류

- 무역업무를 추진할 때 가끔 사용되는 신용장들이 있는데 실제로 사용하는 사람들이 그다지 많지 않은 신용장들이 있다. 그러나 그러한 신용장을 알아 두면 추후에 특수한 상황에서 활용할 기회가 있을 수도 있으니 미리 익혀 두는 것이 좋겠다. 그러한 신용장에는 Revolving L/C, Stand-By L/C, Escrow L/C, Red Clause L/C가 있다.
- **Revolving L/C**는 장기 계약에 의하여 매월 또는 일정 기간마다 선적이 반복되는 거래에서 사용되는데, 매월 또는 매번 선적할 때마다 신용장을 개설하는 것이 귀찮기도 하고 비용도 많이 발생하는 경우, 하나의 신용장을 개설한 후에, 선적된 Cargo의 대금을 지불하고 난 후에, 일정 기간이 지나거나 일정한 조건이 만족되면 신용장의 금액이 최초 개설 시와 같은 금액으로 다시 살아나는 신용장을 의미한다. 이렇게 되면 공급자의 입장에서 대금 결제에 대하여는 편하게 거래를 진행할 수 있게 된다.
- **Stand-By L/C**는 은행 지급보증서(Bank Guarantee)와 같이 대금 지불 또는 외상 대금 보증의 목적으로 개설되는데 Bank Guarantee와 다른 점은 편지의 형태가 아닌 신용장의 형태로 작성된 것을 의미한다.
- **Escrow L/C**는 주로 구상무역 시 사용되는 신용장인데 이해하기가 어려운 점이 많다. 가장 기본적인 정의는 신용장 선적서류를 제출하였다고 해서 대금을 즉시 받을 수 있는 것이 아니고 일정한 조건이 완성되었을 때 지급된다는 신용장이다. 일정한 조건은 양자간에 서로 합의한 대로 결정하게 되는데, 구상무역의 경우 Seller가 상대 국가의 제품을 직접 구매하든지 아니면 구매를 알선하여 구매 대금을 은행에 입금시켜 일정 금액에 도달하였을 때 신용장 대금을 받게 되는 방식의 신용장이라고 할

수 있다. 또한 금액뿐이 아니고 다른 조건들을 내세워 신용장 대금을 지불하는 조건들을 내세울 수 있다.

- **Red Clause L/C**는 선대(先貸)신용장이라고 불리는데, 기본적으로 Seller는 선적이 완료되어야만 신용장 대금을 결제 받을 수 있는데, 간혹 생산 자금이 부족한 상황이 발생하여 자금 조달이 필요한 경우, 자신이 받은 신용장에서 신용장 결제 대금을 미리 받을 수 있도록 준비한 신용장을 의미한다. 즉, Seller가 사전에 합의한 조건에 따라 서류를 제출하면 은행이 자금을 집행할 수 있도록 조건을 만들어 둔 것이다. 당연히 Cargo가 선적되기 전에 대금을 지불하는 것이니만큼 주의가 필요하여 이 부분을 빨간색으로 표시하고 있는데 그래서 이러한 형태의 신용장을 Red Clause L/C라고 부른다. 거래 당사자간의 신뢰가 돈독하지 않으면 사실 이러한 형태의 신용장을 개설할 수는 없을 것이다. 여하튼 매우 드물게 사용될 수 있는 신용장임을 기억하기 바란다.

성공하는 직장생활 TIP 11

리더십 체크 리스트 (맥아더장군)

맥아더 장군이 매일 저녁 잠자리에 들기 전에 매일 점검하였다는 항목 17가지

1) 나는 부하를 부당하게 비방하고 있지는 않은가?
2) 나는 틀림없이 부적격임을 스스로 증명한 부하를 제대시킬 때에도 그에게 정신적인 용기를 주고 있는가?
3) 나는 약한 인간이나 잘못을 저지른 인간을 구출하기 위하여 전력을 쏟고 있는가?
4) 나는 내가 책임지고 있는 부하의 이름과 성격을 될 수 있는 대로 많이 알고 있는가?
5) 나는 내 일에 대해서, 이를 수행하기 위한 기능, 필요 불가결한 것, 목적, 관리법의 모든 것을 숙지하고 있는가?
6) 나는 남에게 부당하게 화내는 일은 없는가?
7) 나는 부하가 나를 기꺼이 따르고 싶게 하는가?
8) 나는 내가 해야할 일을 남에게 맡기고 있지 않은가?
9) 나는 모든 것을 부당하게 내 것으로 만들고 아무것도 남에게 맡기지 못하는 것은 아닌가?
10) 나는 부하에게 실행 가능한 책임을 맡김으로써 그들이 자립할 수 있도록 돕고 있는가?
11) 나는 부하의 개인적인 행복에 대하여 그의 가족처럼 관심을 갖고 있는가?
12) 나는 남이 자신을 갖게끔 냉정한 언행으로 행동하고 있는가? 화를

내거나 흥분을 잘하는 일은 없는가?

13) 나는 인격, 몸가짐, 예의 등에 있어 늘 부하의 모범이 되고 있는가?

14) 나는 혹시 상관에게는 상냥하면서 부하에게는 심술궂은 태도를 잘 취하지는 않는가?

15) 나는 사람들 앞에서 부하를 야단치지는 않는가?

16) 나는 '일' 보다도 '지위'를 우선적으로 생각하고 있지는 않은가?

17) 내 방의 문은 부하에게 언제나 개방되어 있는가?

12 선적시의 매너

(1) 기일 엄수

1) 해외 바이어가 지정한 선적 기일은 자신의 영업 계획을 기준으로 한 것이기 때문에 무슨 일이 있어도 선적 기일은 지켜 주어야 하는 것이다. 하루라도 늦으면 바이어는 제품 판매를 못하게 되고 이는 곧 이익 감소를 초래하는 것이기 때문이다.
2) 사실 이익만 감소하면 큰 문제는 아니지만, 그 보다 더 큰 문제가 발생할 수 있음을 기억하여야 한다. 특히, 대형 마트에의 납품 계약을 지켜야 하는 경우 장기적인 사업 자체가 흔들릴 수 있고, 자신의 신뢰 문제도 지장을 받기 때문에 선적 기일은 반드시 지켜 주어야 한다.

(2) 사전 통보

1) 선적 기일이 늦어지면 당연히 사전에 사유와 조정된 선적 기일을 즉각 알려주어야 한다. 그래야만, 바이어가 지연된 선적 기일에 따른 문제들을 해결할 시간을 가질 수 있기 때문이다.
2) 선적이 늦어지지 않는다 하더라도, 선적 기일이 가까워지면 반드시 예상 선적 기일을 계속 Up-date하여 알려 주어야 바이어가 그에 따라 자신의 영업 일정을 준비할 수가 있는 것이다. 특히, 제조업체에 납품하는 원료의 경우에는 생산 일정을 수립할 수 있고, 그에 따른 제품 판매 일정 또는 출시 일정까지도 준비할 수 있기 때문이다.

(3) 예상외의 사항 사전 통보

1) 생산을 하다 보면 항상 예기치 않았던 문제들과 봉착하는 경우가 많다. 물론 계약 이행에 있어서 상당한 불이행 상황이 발생하면 당연히

사전에 통보하여 양자간에 합의를 통하여 계약 이행 여부를 결정하여야 한다.

2) 그런데, 중대한 사항은 아니지만 바이어의 영업 활동에 영향을 줄 수 있는 사항 들이 발생할 수도 있는데, 사소한 것이라고 하여 무시하고 나중에 아무 통보 없이 선적한다든지 선적 후에 일방적으로 통보하는 것은 절대 불가한 사항들이다.
3) 아무리 계약서를 완벽하게 작성한다고 해도 모든 사항을 전부 삽입할 수 없기 때문에 계약서 또는 신용장 혹은 사전 협의 시 언급하지 못하고 지나쳤던 문제들이 생산 중에 발생하는 경우가 종종 있을 수 있다. 이러한 경우에 즉각 바이어에게 통보하여 사전에 준비할 수 있는 시간을 주는 것이 매우 중요하다.
4) 사전에 자신이 미리 챙기지 못한 문제를 우리가 먼저 찾아서 바이어에게 제기하여 주면 바이어는 정말 기쁜 마음으로 우리를 영원한 Business Partner로 생각할 기회가 될 수 있다.

(4) 운송 중 Damage 발생 여부

1) 포장 방법에 대하여는 사전에 서로 협의한대로 진행을 하지만, 그래도 혹시 발생할 수 있는 Damage를 염려하여 사전에 준비 시키는 것도 매우 중요한 부분이라고 하겠다.
2) 특히, 목적항에 도착한 이후에 발생할 수 있는 문제점들을 먼저 지적하여 주고 제품에 Damage가 발생하지 않도록 사전에 준비하도록 조치해야 한다.

(5) 바이어 측 준비 사항 사전 점검

1) 계약 시 양자 간에 서로의 의무 사항을 결정하지만, 여러 가지 사유로 준비할 것을 놓치는 경우도 있을 수 있기 때문에 선적과 동시에 바이어에게 준비할 사항들을 챙겨서 알려주면 매우 좋은 관계를 유지하는 기회가 될 것이다.

2) 특히 FOB/CNF 계약의 경우 해상 운송 부보를 알려주어 예기치 않은 사고 발생에 대하여 사전에 준비할 수 있도록 바이어를 도와주는 자세를 견지하여야 한다.

(6) 신속한 서류 작성

1) 선적과 동시에 대금 회수를 위하여 선적 서류를 신속하게 작성하는 것은 당연한 일이라고 할 수 있다. 그런데 선적 건이 여러 개 밀려 있어서 하루 이틀씩 늦게 선적 서류를 작성하는 경우도 발생할 수 있다.
2) 바이어의 입장을 생각해보면 하루라도 빨리 물건을 받아서 판매를 해야 하기 때문에 바이어도 서류를 빨리 받고 싶어 한다. 따라서, 우리의 대금 회수에 관심을 두지 말고 바이어의 제품 판매에 관심을 두면 선적 서류 작성을 늦추지 말아야 한다.
3) 특히, 중국이나 일본과 같이 선박 항해 일이 얼마 되지 않을 경우에는 선적 서류보다 화물이 먼저 도착하는 경우가 있는데 이 경우 불필요한 창고료도 발생할 경우가 있어 가능하면 신속하게 선적 서류를 만들어야 한다.
4) 만약, 중국 또는 일본의 바이어가 조속한 화물 인수를 희망하면 대금 회수에 문제가 없다는 전제하에 아래의 두 가지 방법 중 하나를 선택하여 처리할 수도 있다.
   - Surrender Bill of Lading 발행
   - Letter of Guarantee 발행: B/L없이 화물을 인수하는 것을 허락하며 화물에 문제가 발생할 경우에는 발행자가 책임을 진다는 내용으로 작성.

드러커

드러커의 '대통령이 지켜야 하는 원칙'

1) 자기가 무엇을 해야 하는 가를 자문하여야 한다.

2) 한 가지 일에 집중하라. 정력과 관심을 분산시키지 마라.

3) 너무 자기 힘을 과신하지 마라.

4) 유능한 대통령은 자질구레한 데까지 참견하지 않는다.

5) 대통령은 정부안에 친구를 두면 안 된다.

6) 인기를 얻으려 하지 마라.

13 선적서류 작성 시의 매너

(1) 신용장/계약서 조건 검토

1) 선적서류를 자주 그리고 많이 작성한 경험이 있다고 하더라도 선적서류를 작성할 때에는 반드시 신용장을 먼저 검토하고 계약서를 검토하여 서류 작성에 문제가 없는지를 확인하여야 한다.
2) 아무리 일반적인 신용장이라 할지라도 신용장상에 기재된 내용을 무시하면 대금 회수에 문제가 발생하기 때문이다. 따라서, 신용장상에 표기된 내용을 반드시 확인하여야 한다. 특히 오타 부분을 사전에 수정(Amendment)하지 않았을 경우에는 신용장에 표기된 그대로 표기하여야 대금 회수가 가능함을 기억하기 바란다.

(2) 정확한 서류 작성

1) 서류 작성 시 단어는 물론 똑같이 표기하여야 하는데, comma(,)와 같은 기호도 유의하여 똑같이 작성하여야 한다.
2) 그리고 신용장상에 제출하라고 지시한 내용의 서류들을 모두 작성하되 서류마다 공통적으로 기재하는 사항들을 놓치지 말아야 한다. 예를 들면, 신용장 번호, 신용장 발행일자, P/O Number등을 빠뜨리지 말고 기재하여야 한다.

(3) 선적 서류 사본 전달

1) 일단 선적서류가 작성되면 바이어에게 사본을 전달하여 주면 바이어에게 매우 큰 도움이 될 수 있다. 특히, 수입 통관 절차를 먼저 시작할 수 있고, 자신이 오더한 부분과 어떻게 일치하는 지를 사전에 시간을 두고 검토할 수 있기 때문이다.

2) 바이어에 따라서는 신용장상에 선적서류 사본을 Courier로 보내주고 그에 대한 Certificate을 작성하여 은행에 제출하라는 지시 사항을 표기하는 경우가 많은데, 이러한 지시 사항을 놓치지 말고 이행하여야만 대금 회수 및 지속적인 사업 진행에 도움이 된다고 할 수 있다.

(4) 신속한 서류 제출

1) 선적 서류를 신속하게 작성하는 것도 중요하지만 은행에 신속하게 제출하는 것도 바이어를 도와주는 것이 된다. 하루라도 빨리 은행에 제출하면 대금 회수도 빨리 할 수 있고 또 바이어에게 도움도 줄 수 있는 것이다.
2) 그런데, 대부분의 경우 서류 작성에 실수가 많기 때문에 은행에서 검토하다가 잘못된 부분을 수정하라는 연락이 오는 경우가 허다하다. 따라서, 실수 부분을 조속히 수정하기 위하여서라도 선적 서류 제출을 서둘러 일찍 제출할 필요가 있는 것이다.

(5) 선하 증권 문제 (B/L Crisis)

1) 제품 선적 후 신속하게 선적서류를 작성하여 은행에 제출하더라도 은행을 경유하여 서류가 바이어 측에 도착하는 시간보다 화물이 먼저 도착하는 경우가 발생하는 지역이 있다.
2) 이러한 경우가 발생하는 지역으로는 한국을 기준으로 하면 주로 중국, 일본, 대만 그리고 홍콩 등을 들 수 있다. 서류가 은행을 경유하여 바이어에게 서류가 도착하는 시간은 대체로 4일 내지 5일이 걸리는데 화물이 도착하는 시간은 최대 3일인 경우가 허다하다.
3) 이러한 경우, 화물은 도착하였는데 화물을 인수할 선하증권이 늦으면, 바이어 입장에서는 빨리 화물을 찾니 못하여 발을 구르는 경우가 있지만, 더욱 답답한 일은 도착항에서 발생하는 각종 비용이 문제가 될 수 있다. 창고료 및 지연 수수료 등인데, 가끔 매우 큰 비용을 지출하여야 하는 경우도 발생한다. 이 경우, 바이어는 화가 나서 Seller에

게 화를 내는 수가 있을 수 있다.

4) 이러한 문제를 해결하는 방법은 3가지로 들 수 있다.
   - Original B/L 3장 중 1장을 먼저 바이어에게 보내주는 방법
   - 선적 후 Seller가 선박회사에 화물을 지정된 바이어에게 인계하라고 하면서 이에 따른 문제가 발생 시 Seller가 책임을 진다는 Letter of Guarantee를 발행하는 방법인데, 이 경우 L/G는 개설 은행 또는 Shipper가 발행하게 된다.
   - Original B/L없이 화물을 인수할 수 있도록 처음부터 Surrender B/L을 발급하는 방법
   - 거의 사용되지 않는 방법인데 선적이 목적항에 도착하였을 때 발행하는 Destination B/L을 발급하는 경우이다

5) 바이어 입장에서 불필요한 비용이 발생하지 않도록 배려하는 것이 매우 중요하다는 점을 감안하여 상기와 같이 조치를 취해 주어야 바이어가 Seller를 더욱 신뢰하게 되는 것이다.

6) 그렇지만 대금 회수의 측면을 고려하면 상당히 주의를 기울여야 하는 부분이라고 할 수 있다.

성공하는 직장생활 TIP 13

제갈공명

제갈공명의 못된 지도자의 체크 리스트

1) 탐욕스럽다

2) 유능한 사람을 시기한다.

3) 남의 중상에 귀를 잘 기울이고, 아첨꾼들을 가까이한다.

4) 상대방 일은 추측을 잘 하면서도 자기 자신에 대해서는 알려고 하지도 않는다.

5) 우유부단하고 결정을 내리지 못한다.

6) 주색을 좋아하고 한도를 모른다.

7) 음흉하고 겁이 많다.

8) 언변에 능하고, 오만 무례한 언행을 잘 한다.

14 클레임 처리시의 매너

(1) 하자에 대한 책임 소재 확인

1) 하자가 발생하여 접수가 되면 그 하자가 하자 발생의 책임이 누구에게 있는지를 먼저 확인하여야 한다. 특히 제품 자체의 문제인지, 운송 중에 발생한 것인지, 사용상의 부주의에 의한 것인지 아니면 통상 발생하는 사유 (Normal wear & tear)인지를 확인하여야 한다.
2) 사용상의 부주의인 경우에는 어느 정도 항변이 가능하나 Normal wear & tear의 경우에는 서로 의견 차이에 의하여 다툼이 발생할 가능성이 매우 높다. 이러한 경우에 대비하여 항상 계약 시에 Normal wear & tear에 대한 규정을 두어야 한다. 정식 계약서를 작성하면 문제는 없으나 계약서 없이 오더를 진행 할 경우에는 Proforma Invoice 혹은 Firm Offer에 Normal wear & tear의 사항을 삽입하는 것이 추후에 발생할 가능성이 있는 하자에 대비할 수가 있다.
3) 또한 해상 운송 시에도 하자가 발생할 수 있어 귀찮더라도 Packing조항에 'Export Standard Packing' 혹은 'Seaworthy Packing'이라는 문구를 넣어두는 것을 잊지 않는 것이 반드시 필요하다.

(2) 클레임 발생 사유의 정확한 분석

1) Claim이든 일반 하자이든 하자의 발생 사유를 정확하게 파악하고 분석하는 것이 당연히 중요하다. 하자 발생 사유 분석을 위한 자료를 철저하게 챙기는 것도 담당자가 꼭 해야 할 일이다. 바쁘다는 핑계로 쉽게 생각하여 처리하는 경우도 많이 있으나, 불필요한 비용이 지출되는 사안이므로 철저하게 꼼꼼히 모든 자료를 검토하여야 한다,
2) 필자가 경험한 Case가 있는데 매우 뼈아픈 기억을 가지고 있다. 중국

에 선적하여야 할 Dump Truck을 공장의 파업으로 선적기일 내에 선적하지 못하여 바이어로부터 일본산을 구매함에 따른 추가 비용 Claim을 받은 적이 있었다.

3) 당시 담당자는 열심히 대응하고 있었고 Arbitration에서 이길 수 있다는 생각에 결제권자인 필자도 안이하게 생각하고 있었는데 예기치 않게 Arbitration에서 우리가 패소하는 일이 발생하였다. 당시 필자는 본 건이 진행되던 중간에 과장으로 부임하였기 때문에 담당자의 보고에만 의존하고 별로 관심을 두고 있지 않았었다.

4) 그런데, 막상 Arbitration에서 지고 나니까 정신이 버쩍 들어 서류를 처음부터 다시 들여다보던 중에 일본산 Dump Truck을 구매하였다고 바이어 측에서 증거로 제출한 서류에 하자가 있었음을 알아내었는데 그때는 이미 늦어버린 상황이었다. 필자가 일본 업체의 광조우 지사에까지 찾아가 Dump Truck 계약서를 확인하여 본 결과, 가짜로 작성된 서류임을 확인하였던 것이다.

5) Arbitration에서 Award가 나오기 전에 이러한 서류 확인 작업을 하였더라면 Arbitration에서 패소하지도 않았고, 비용 및 손해배상금도 물지 않았을 텐데 담당자의 안이한 Claim 대응 자세 때문에 어처구니없이 시간과 돈을 낭비하는 결과를 초래하였던 것이다. 지금 생각해보면 너무 안타깝고 억울한 Case여서 10년이 훨씬 지난 일인데도 아직도 잊지 못하고 있음을 고백하고 싶다.

(3) 법적 서류 수집

1) 바이어가 제기한 Claim에 대하여 서로 다투고 책임 소재에 대하여 인정을 하지 못하게 되면 결국 Arbitration이든 민사 법정에서 Claim을 처리하게 된다. 적절한 합의가 이루어지면 가장 좋지만 서로가 양보하지 않고 계속 다투게 되면 어쩔 수 없이 법적으로 해결하게 되는 것이다.

2) 그래서, 법적 조치를 진행하게 되면 그 때 서류를 준비하는 것이 아

니라, Claim이 발생하였을 때부터 법적 조치를 가정하여 서류들을 수집하여 별도의 파일을 작성하는 것이 전반적으로 Claim을 처리할 때 매우 큰 도움이 되므로 일단 법적인 효과를 가진 내용의 서류들을 미리 준비하는 습관을 들여야 한다.

(4) 법적 절차 진행 시의 효과 분석

1) 양자가 Claim에 대하여 적절한 합의를 하지 못하여 법적 절차를 진행할 수밖에 없는 상황이 발생하였을 경우에, 일단 법적 절차를 진행하였을 때의 효과를 분석하여야 한다. 다시 말하면, 법적 소송이나 Arbitration을 진행하였을 때 아무리 이길 수 있는 확신이 있더라도 실질적이 이득이 있는 가를 검토하여야 한다.
2) 이러한 실익을 검토할 때 거론되는 사안은 먼저 변호사 비용, Claim 처리 시간, Claim 처리 비용 그리고 향후 Business 관계 등이 될 것이다. 이러한 사안들을 검토하여 실질적인 이익이 있는지 여부를 면밀히 검토하여 진행하여야 한다.
3) 법적 조치에서 이기더라도 변호사 비용과 시간만 낭비되고 Claim 비용을 지불하지 않아 절약하는 금액과 비교하였을 때에 별다른 이익이 없다면 실제적으로 우리측의 잘못이 없더라도 바이어가 희망하는 Claim 금액을 지불하여 주는 것도 중요한 부분중의 하나이며, 만약 Claim 비용으로 지불할 금액이 과다하다면 법적 조치는 불가피하다고 할 수 있다.

(5) 신속한 대응

1) 바이어가 Claim을 제가하였을 경우에는 일단 우리 제품에 대하여 실망하고 매우 예민한 상태임을 고려한다면 바이어의 Claim에 대하여 즉각적으로 처리하여 주는 태도가 필요하다. 신속한 대응으로 바이어의 화를 절감시킬 수도 있는데 지역 대응으로 인하여 화를 자초하지는 말아야 하는 점을 기억하여야 한다.

2) 그래서, 일단 하자의 책임 및 원인 분석이 아직 확정되지 않은 상황이더라도 진행 상황을 수시로 점검하여 바이어에게 알려 주어야 한다. 왜냐하면, 바이어는 우리 제품을 계속 판매하고 있는 상황에서 하자의 원인이 매우 궁금한 것이다. 따라서, 그러한 궁금증을 해소시키기 위하여서라도 신속한 대응은 매우 중요하다 할 수 있겠다.

(6) 감정 배제

1) Claim을 처리하다 보면 바이어 측에서 다소 불합리하게 대응하는 경우도 많아 지혜롭게 대응하지 않으면 서로 화를 돋우어 쉽게 합의하여 처리할 수도 있는 사안을 더 키우는 경우도 종종 있음을 기억하여야 한다.
2) 따라서, 항상 Claim을 처리할 때에는 담담하게, 매우 냉정하게 그리고 논리적으로 처리하여야 한다. 감정이 개입되지 않도록 늘 조심하여야 한다, 실제로 Claim을 받아 보면 불합리하게 우겨대는 바이어들도 많아 실무에서는 서로 싸우게 되는 경우도 많다. 그래서, 어려운 문제일수록 냉정하게 감정을 배제하고 업무를 처리하여야 한다.

성공하는 직장생활 TIP 14

손자병법

손자병법의 '실패하기 쉬운 통솔자의 조건'

1) 능력이 없는데도 있는 줄로 착각한다.

2) 태도가 오만하다.

3) 욕심이 많다.

4) 경솔하다. 그런데도 자기는 결단력이 있다고 착각하고 있다.

5) 우둔하다.

6) 용기가 없다.

7) 용기는 있는데 머리가 없다.

8) 적당히 넘어가고 무책임하다.

9) 잔인비도(殘忍非道)하다.

10) 독단을 일삼는다.

11) 규율을 위반한다(법을 안 지킨다).

15 법적 소송시의 매너

(1) 법적 책임의 정확한 분석

1) 양자가 합의를 도출하지 못하여 결국 법적 조치를 진행하기로 결정하면 먼저 서류상에서 법적 책임을 정확하게 분석하여야 한다. 구두상으로 전달된 내용이 법적인 효과를 얻을 수 없음을 감안하여 서류상의 법적 책임을 잘 분석하여야 한다.
2) 물론 계약 전에 주고받은 편지와 이메일도 법적인 효력을 가질 수 있으므로 모든 가능한 서류들과 교신 내용, 대화 내용까지 분석하여 법적 책임의 소재 및 효력을 분석하여야 한다.
3) 서류상의 내용을 분석할 때에는 일방의 해석만 하지 말고 상대방의 입장에서도 해석하고 분석하여야 한다. 그렇지 않으면 법정에서 어떤 봉변을 당할 지도 모르는 일이다. 따라서, 자기만의 이해에 기초한 분석을 조심하여야 한다.

(2) 대응 전략 수립

1) 물론 우리가 잘못하지 않아도 법적 절차를 진행하겠지만 잘못한 것이 있어도 비용 부담을 피하기 위하여 일부러 법적 절차를 진행하는 경우도 비일비재하다. 그래서 법적 절차의 각 단계별로 대응 전략을 수립하여야 한다.
2) 당연히 법적 절차의 시나리오를 작성하여 Simulation을 해보아야 하지만 각 단계별로 도출되는 결과를 중심으로 대응 전략을 준비하여야 한다.
3) 예를 들면, Turkey의 Kent Bank와 법적 소송을 진행할 때였다. 신용장 선적서류를 정당하게 제시하였는데도 Applicant가 결제대금을 입

금하지 않았다는 이유로 신용장에 명시된 대금을 지불을 하지 않아 여러 번 협상을 진행하였으나 계속 대금 지불을 거절하여 어쩔 수 없이 법적 소송을 제기하기에 이르렀다. 소송에서 당연히 우리가 이길 수 밖에 상황임에도 Kent Bank는 대금 지불을 피하여 보고자 끝까지 가 보겠다는 의도였다.

4) 결국 1년여의 시간이 흘러 1심 법원의 최종 판결을 1주일 앞두고 Kent Bank는 다시 협상을 하여 지연 이자는 공제하고 원금만 지불하겠다고 제시함에 따라 지루한 공방전은 그 선에서 마무리하게 된 적이 있다. 어떠한 경우에도 Claim 비용을 지불하지 않으려는 본능에 따라 움직이는 것이 경제의 원리라고 하겠다.

(3) 서류 확보

1) 당연히 법적 절차에 필요한 서류를 꼼꼼히 챙겨야 한다. 별도의 파일로 작성하거나 별도의 박스에 보관하여야 한다. 특히 원본 서류는 특별히 관리하여야 한다. 법정에서 사본의 효력을 인정받기가 쉽지 않기 때문이다.
2) 또한 서류는 원본을 위주로 준비하되 반드시 사본을 만들어 두어 분실 또는 망실의 불의의 사태에 대비하여야 한다.

(4) 유연한 자세

1) 어떤 일이든 마찬가지이지만 법적 절차에 들어가더라도 항상 자세는 유연하게 하여야 하고 그러다가 어느 순간에 유리한 조건으로 합의에 이를 가능성도 많기 때문이다. 특히 감정이 들어가면 매우 어려운 상황이 발생하기 때문이다.
2) 또한, 상대방의 대응에 대하여 유연하게 대처할 줄 알아야 한다. 너무 강하게 나가면 상대방의 마음이 다시 흔들려 양보를 하려고 하다가도 철회하는 안타까운 이리 발생할 수 있기 때문이다.

성공하는 직장생활 TIP 15

회사에 필요한 사람

미국 기업 잡지 '시스템'의 '회사에 필요한 지도자'

1) 약속대로 실행하는 사람

2) 의지가 돌같이 굳고, 사소한 일에는 들뜨지 않는 사람

3) 어떤 문제에도 일정한 의견을 가지고 있는 사람

4) 작은 일이나 큰일이나 진지하게 대하는 사람

5) 자기 자신의 야심이 아니라 사회와 인류에 도움이 되는 포부를 갖춘 사람

6) 기회를 포착하는데 민첩한 사람

7) 용기와 결단력이 있는 사람

8) 여러 사람들 속에 있어도 자기의 특성을 잃지 않는 사람

9) 아무리 하기 싫은 일, 미천한 일도 마다하지 않는 사람

10) 실패하고도 낙담하지 않는 사람

16 Group Meeting시의 매너

(1) 주제 이해

1) 여러 명이 한꺼번에 만나서 회의를 하는 경우, 지정된 주제를 협의하고자 모이는 자리로 이해하면 되겠다. 통상 소수의 인원들이 만나서 협의하는 경우, 협의 중에 파생되는 주제를 더 깊이 있게 협의할 수도 있지만 단체로 회의를 하는 경우에는 지정된 주제를 벗어나서 다른 주제로 넘어가면 매우 어려운 상황을 초래할 수 있다.
2) 지정된 주제를 잘 파악하고 있어야 시간을 절약함은 물론이고, 회의를 효율적으로 진행할 수 있으며 좋은 토론 결과를 도출할 수 있기 때문이다. 두서없이 주제와 관련 없는 얘기를 하게 되면 여러 가지로 소기의 목적을 달성할 수 없는 상황이 될 수고 있기 때문이다.

(2) 참석자 파악

1) 상대방의 참석자를 미리 파악하는 것이 충실한 회의를 진행하는 데에 필요하지만 협상의 진척도를 높이기 위한 방편도 되고 협상에 충분히 대응하고 또 자료를 준비하는 데에도 도움이 된다.
2) 특히 상대방의 참석자 범위에 따라 우리측 참석자의 범위도 정할 수 있기 때문이다. 특히, 상대방에서는 높은 지위의 인사가 참석하는데 우리측에 그에 걸 맞는 참석자가 없으면 매우 큰 낭패가 될 수 있기 때문이다.
3) 또한 참석자 중에서 기술부문의 인사가 있는지를 파악하여 충분히 대응할 수 있는 인원을 우리 측도 준비하여야 협상에서 부드럽게 진행을 할 수 있다. 특히 먼 거리를 비행기 타고 출장 가서 진행하는 회의라면 더욱 더 신경을 써야 하는 부분이라 하겠다.

(3) 자리 선정

1) 항상 여러 명이 모이는 장소에는 자리의 서열이 있기 마련이다. 우선 참석자의 서열에 따라 자리를 배치하는 것은 매우 중요한 부분이고 사전에 상대방의 참석자들의 서열을 파악하여 그에 맞는 자리 배치를 하여야 한다.
2) 만약 우리가 방문하는 입장이라면 상대방에게 미리 우리 측 참석자들의 서열을 알려주어야 상대방에서 그에 맞는 자리 배치를 할 수 있다.
3) 먼저 방문자들은 출입구 반대편 회의 테이블에 앉고 주인은 출입구를 등지고 앉는 것이 통상의 예라 하겠다. 원탁의 경우에는 방문자중 제일 높은 인사를 출입구 반대편 중앙에 앉히거나 원탁에 지정된 중앙자리에 앉게 하고 Host는 방문자의 반대편 혹은 큰 원탁의 경우에는 하나 내지 두 개의 의자를 띄워서 앉으면 된다.
4) 통상 기다란 사각형 테이블에서 단체 회의를 하는 경우가 많은데 가능하면 같은 기능의 사람들이 마주 보도록 자리를 배치하여야 한다. 즉, 영업을 담당한 사람들이 서로 마주 보고 앉게 하고, 기술팀들도 서로가 마주 보도록 자리를 배치하는 것이 회의 진행 효율을 올릴 수 있는 방법이라 하겠다.

(4) 통역자 준비

1) 외국 손님들을 맞이하거나 방문할 경우에 상대방 국가의 언어에 자신이 있으면 별 문제가 없으나 그렇지 않을 경우에는 반드시 통역을 미리 준비하여야 한다. 혹시 방문자들이 통역을 데리고 온다 하더라도 우리측은 반드시 준비하여야 하고 우리가 방문할 경우에도 상대방이 통역을 준비한다 하더라도 우리 자체의 통역을 준비해서 방문 하여야 한다.
2) 영어권 거래처는 큰 문제가 없으나 기타 언어권의 거래처들의 경우에는 통역이 필요하다. 예를 들면, 중국, 일본, 러시아 그리고 남미 국

가들의 경우, 대체로 영어를 못하는 사람들이 많기 때문에 회의 시 통역의 도움이 필요하다.

3) 참고로, 요즈음 중국의 거의 모든 회사들은 한국어를 구사할 수 있는 직원을 꼭 고용하고 있다. 이 점을 감안하여 방문 시 주의할 사항들을 사전에 점검하여야 한다.

(5) 역할의 분담

1) 개인 별로 협상을 할 때에는 협상 담당자가 알아서 준비하고 협상을 진행하면 되지만 단체로 협상할 경우에는 서로의 역할 분담을 하는 것이 협상에서 매우 많은 도움이 될 때가 있다. 특히 민감한 사안의 경우, 쉽게 양보할 수도 없고 상대방의 마음을 잘 읽을 수 없을 때 협상의 역할 담당을 정하면 큰 도움이 된다.
2) 물론, 영업과 기술팀의 역할은 당연히 분리가 되지만 여러 가지 사안들 중에서 답변을 할 사람을 정하는 것은 물론 협상에서 강하게 밀어부치는 역할과 설득하는 역할을 나누어 맡아서 협상에 있어서의 강약을 조절하여야 한다.
3) 특히, 상대방의 예상 질문을 작성하여 답변 예정자를 지명하여 놓는 것도 매우 중요한 사항이라고 하겠다.

(6) 협상 전략의 수립

1) 거래처와의 협상에서 소기의 목적을 달성하고자 하면 협상에 참여하기 전에 전략을 잘 수립하여야 한다. 어차피 양자가 100% 만족하는 결과를 도출하는 것이 불가능하니까 중간선에서 적절하게 조율된 결과를 만들어내는 방안을 사전에 잘 수립하여야 하고 그러한 결론에 도달하기 위한 협상 전략을 잘 수립하여야 한다.
2) 협상 이론에 관한 서적들을 들여다보면 여러 가지 방법을 제시하고 있다. 그 중에서 본인들에게 가장 적절하다고 생각되는 전략을 결정하여 그에 따른 Action Plan을 작성하여 협상에 임하는 것이 필요하다.

3) 특히, 민감한 사항에 대하여 전체 또는 개별적으로 협상하는 전략을 수립하되, 순서에 입각하여 하나씩 보따리를 풀면서 우리가 얻어내고자 하는 바를 확보하는 전략을 잘 수립하여야 한다.

(7) 자료의 준비

1) 물론, 자료는 완벽하게 준비하여야 한다. 단체로 회의를 한다는 것은 모든 관련 당사자들을 참석시켜 가능한 한 많은 부분에 대한 합의 도출을 하고자 함이다. 대체로 단체로 협상을 할 경우에는 기술팀 또는 재무 팀까지도 포함시키는 것이 많기 때문에 각 업무 담당자들은 자신의 업무에 관련된 자료를 완벽하게 준비하여야 한다.
2) 어렵게 준비한 자리에서 결론을 내지 못하고 다음 기회를 약속한다는 것은 정말 어리석은 것이고 그러한 자리를 준비한 거래처 입장에서 많은 사람들을 모았는데도 불구하고 결론을 내지 못한다는 것은 매우 실망스러운 일이 되기 때문이다. 그러면 어렵사리 얻은 Business 기회를 날려 보내는 것이 되기 때문이다.

(8) 예행 연습

1) 단체로 협상한다는 것은 매우 중요한 건을 결정하기 위한 자리이기 때문에 협상의 대부분에 대하여 결론을 내야 하는 상황에 처하게 된다. 따라서, 주도면밀하게 준비하는 것도 중요하지만 원하는 결론을 유도하기 위하여 완벽에 가까울 정도로 준비하여야 한다.
2) 그래서, 사전에 준비한 협상 전략을 가지고 사전에 예행연습을 해 보는 것이 매우 큰 도움이 된다고 하겠다. 예행연습을 통하여 준비한 협상 전략의 장단점을 파악할 수도 있고, 또 새로운 더 나은 전략을 찾을 수도 있기 때문이다. 예행연습에 대한 중요성을 무시할 수도 있겠지만 진정으로 중요한 사안을 처리하는 입장이라면 그러한 예행연습도 실시하여 보는 것도 필요하다.

(9) 사용 단어 및 방법 선정

1) 협상 자리에서 사용하는 단어나 문장은 화기애애한 분위기를 유지할 수 있는 것들을 사용하여야 한다. 대체로 직선적인 방법을 선호하는 거래처 외에는 완곡한 표현 및 상대방의 심기를 거스르지 않는 대화의 기술이 매우 중요함을 모두 익히 알고 있을 것이다.
2) 그러나 막상 예민한 사안에 대하여 첨예하게 대립하면서 분위기가 뜨거워지면 거친 말을 하기 마련인데, 협상 전략상에 준비된 것이 아니라면 자제하여야 한다.
3) 특히 주의할 사항은 우리가 만나는 상대방이 우리말을 이해한다는 전제하에 자체 협의 시 주고 받는 말을 주의하여야 한다. 특히 가격 및 납기 등 중요하고 예민한 사안들에 대하여 절대로 말로 하지 말고 글로 써서 의사소통을 하여야 한다.
4) 실제로, 우리끼리 주고받은 얘기를 알아듣고 협상에서 유리하게 이끌어가는 거래처들이 점점 더 증가하는 추세임을 기억하여야 한다. 물론, 욕을 해서는 안 된다. 실제로 필자가 모시던 부장님이 Romania를 방문하여 협상을 하던 중 서로 의견 일치가 되지 않자, 화를 내면서 욕을 몇 마디 하였는데 나중에 상대방 참석자 중 한 사람이 다가와서 아까 뱉었던 욕의 뜻이 무엇이냐고 한국말로 문의하여 온 적이 있습니다. 그 사람은 북한의 김일성 종합대학에서 유학한 사람인데 다행히도 북한에서는 남한의 욕을 모르기 때문에 넘어 갔지 만약 그 뜻을 알았더라면 매우 큰 낭패를 볼 수도 있었던 상황입니다.

성공하는 직장생활 TIP 16

회사에 필요하지 않은 사람

미국 기업 잡지 '시스템'의 '필요하지 않은 사람'

1) 입만 살아 있는 사람

2) 자존심이 너무 강하고 그 자리의 분위기에 융화하지 못하는 사람

3) 어떤 문제에도 일일이 참견하는 사람

4) 큰 일, 작은 일을 분간하지 못하는 사람

5) 툭하면 대의명분을 내세우는 과대망상적인 사람

6) 눈앞의 일에 너무 정신이 팔려서 대국을 잘못 보고 일을 그르치는 사람

7) 신중하지 못하고 저돌적인 사람

8) 협조 융화의 정신이 결여된 독선적인 사람

9) 자기 본분을 다하는 데 긍지를 갖지 못하는 사람

17 전시회에서의 매너

(1) 충분한 홍보 자료

1) 통상 전시회에는 많은 사람들이 방문하기 때문에 방문자 모두에게 우리 제품을 소개하고 싶은 욕망을 느끼게 된다. 물론, 매우 한정된 회사들만을 상대하는 품목의 경우에는 예외가 되겠지만 대부분의 회사들은 가능한 한 많은 회사들을 상대로 가장 좋은 거래처나 파트너를 찾기를 원하고 있다.
2) 따라서, 전시회 기간 동안 우리 전시장을 방문하는 손님들에게 뭔가 손에 쥐어 보내야 한다. 그래서, 전시회에 예상 방문자의 수를 조사하여 보고 그에 걸맞은 수량의 포스터, 카탈로그 등 홍보 자료를 갖추어야 한다.
3) 그런데 카탈로그의 경우, 제작비용이 만만치 않아 우리 부스를 방문하는 모든 사람들에게 카탈로그를 나누어 주기에는 부담을 많이 느끼게 된다. 물론, 멋있는 카탈로그를 준비할 수 있는 예산이 충분하다면 모를까 그렇지 않으면 비용에 대한 부담이 클 수 있다.
4) 또한, 카탈로그에 기재된 부품 내역이 자세하여 어쩌면 경쟁사에게 정보 제공의 기회가 될 수도 있어 값비싼 카탈로그를 계속 나누어 주는 것은 적절하지가 않다.
5) 그래서, 전시회에서 주로 사용하는 홍보 자료는 카탈로그 보다는 Leaflet을 활용하는 것이 좋다. 물론 비용도 싸지만, 제품 정보도 숨길 수 있고, 방문자들이 손쉽게 들고 가서 다른 사람들에게도 자연스럽게 소개할 수 있는 장점이 있다.
6) 그런데, 최근에는 전시장을 방문하는 사람들이 너무 많은 카탈로그의 홍수 속에서 필요하지만 들고 다니기가 어려워하고 있다. 특히, 우리

제품에 대하여 큰 관심을 가지는 방문자들 중에는 부피가 크고 무거운 Paper Information을 꺼려하여 Soft File을 요구하는 방문자들이 늘고 있다.

7) 따라서, 방문자중에서 우리의 거래처나 파트너가 될 만한 방문자들을 위하여 회사 소개 또는 제품 정보를 CD에 담아서 준비하거나 방문자의 Mobile Memory Stick에 복사하여 줄 수 있는 Soft File도 반드시 준비하여야 한다. 그리고, 소개 자료를 손에 들거나 가방에 넣어 다니는 것을 정말 싫어하는 방문자들에게는 반드시 E-mail로 보내주는 것도 제안하여 방문자를 가능한 한 편안하게 해 주어야 한다.

(2) 전시물의 배치

1) 큰 회사들과 자금 여유가 있는 회사들은 전시장 부스를 크게 그리고 화려하게 하여 제품 소개를 효과적으로 하고 있다. 그러한 부스를 보다 보면 나도 빨리 돈을 벌어서 큰 부스를 만들어 많은 방문자들에게 으스대고 싶은 욕구를 매번 느끼곤 한다.
2) 그러나 전시회에 참가하는 대부분의 회사들은 자금도 한정되어 있고 비용을 절약하여야 하는 상황이기 때문에 거의 대부분은 전시장의 최소 전시 면적을 주문하여 좁은 공간에서 우리의 제품을 모두 소개하여야 하는 상황이 된다.
3) 그러다 보니 어떤 방법으로 제품을 나열하고 지나가는 사람들의 발걸음을 잡을 것인가가 항상 고민거리가 된다. 게다가, 우리 부스 앞을 무심코 지나가는 사람들을 우리 부스 안으로 들어오게 하여 상담을 진행할 수 있도록 제품 배치에도 신경을 써야 한다.
4) 또한, 전시장을 찾는 대부분의 방문자들은 전시 제품이나 전시 참가 회사에 대하여는 별로 정보가 없다 보니 일단 전시장 내를 무조건 다녀보는 경우가 많다. 따라서, 우리 부스 앞을 지나갈 때 그런 사람들이 관심을 가질 수 있도록 눈에 잘 띄는 위치에 전시품을 배치하여야 하고, 특히 방문자들의 동선을 분석하여 가장 많은 사람들이 진

행하는 방향에 우리의 주력 상품을 배치하여야 할 것이다.

5) 그런데, 많은 경우에는 부스가 화려하거나 관심을 끌기에 부족한 경우에는 전시된 상품보다 그 부스를 어떤 상품을 전시하고 있는지를 먼저 파악하는 방문자들도 많음을 고려하여야 한다. 이러한 경우에는 우리가 전시하는 주력 상품의 이름을 눈에 잘 띄는 위치에 그리고 눈길을 끈 크기나 색상으로 붙여 놓는 것이 필요하다.

6) 많은 전시 자들이 실수하는 부분은 자신은 제품을 매우 잘 알기 때문에 제품명이나 제품 전시를 자기 기준으로 진행하는 경우가 많다. 분명히 기억할 것은 우리 부스를 방문하는 사람들은 우리 제품에 대하여 잘 알지 못한다고 가정하여 아주 짧은 시간에 우리 제품을 이해할 수 있도록 제품 배치 및 제품 소개를 하여야 한다.

(3) 친절한 대응

1) 인간은 누구나 자기를 잘 이행하여 주고 친절하게 대해주는 사람에게 당연히 정을 느끼고 가까워지고 싶어진다. 그래서, 우리 부스를 방문하는 모든 사람에게 친절하게 미소로 응대함은 당연하다고 할 수 있다.

2) 그런데, 전시기간이 길어지고, 전시장 준비에 너무 많은 에너지를 쏟고 나면 정작 전시회 시작일부터 맥이 빠져 제대로 방문자 대응을 하지 못하는 경우도 많이 발생한다. 특히, 전시 기간 내내 서있는 자세로 있는 시간이 많아 다리에 매우 많은 피로를 느끼게 된다. 많은 경우에 전시회 개최 전날에 전시장 준비를 하다 보면 그때 이미 다리가 풀리는 경우도 많다. 결국, 전시장 마지막 날까지 손님을 활기차게 만날 수 있는 체력 확보가 매우 중요하다.

3) 또한, 전시회 참가자들이 실수하는 부분이 있는데, 많은 전시회를 참가하다 보면, 방문자들을 얼핏 보고 우리와 거래를 할 수 있는지 않는지를 먼저 가늠하여 보고, 별로 영양가가 없다고 판단되면 잘 대응하지 않는 버릇들이 있다. 그러나, 별로 영양가가 없어 보이는 방문자들 중에 누가 우리에게 보물을 줄지는 아무도 모르는 것이다.

4) 따라서, 비록 방문자가 어린 학생일지라도 미래의 고객이라고 생각하고 친절하게 대하여 주는 마음가짐이 중요하다고 생각한다.

(4) 방문자 기록

1) 우리가 참가하기로 결정하는 전시회는 대체로 방문자수가 많은 것을 선택하게 되는데, 따라서 우리 부스를 찾아오는 방문자수도 엄청나게 많게 된다. 그 수많은 사람들을 전시장에서 모두 상담하기도 어렵고, 또 방문자도 시간을 아껴서 많은 부스를 방문하여야 하기 때문에 간단히 상담하고 명함을 건네거나 자료를 받고 가는 경우가 많다.
2) 또 어떤 방문자들은 간단하게 제품의 핵심만 질문하고 다음 부스로 가는 경우도 많아서, 진정한 우리의 파트너가 될 지 의문이 있을 경우도 있다. 이러한 경우에는 일단 명함이나 연락처를 받고, 추후에 협의하자고 하고 그러한 방문자들에 대한 기록을 남겨두어야 한다.
3) 특히, 수많은 방문자들이 찾아오다 보니 각 방문자들과 어떠한 얘기를 나누었는지 기억이 잘 나지 않는 경우가 많기 때문에 반드시 방문자 목록을 만들어 상담한 내용을 간단히 적어 두어야 전시회 후에 연락하면서 인용하여야 한다. 우리는 기억하지 못하지만 방문자들은 우리와 나누었던 내용을 종종 기억할 수 있기 때문이다.
4) 이러한 방문자 목록을 바탕으로 전시회 후에 계속 연락을 취하면서 비즈니스 상담을 진행하여야 한다. 이러한 기록이 없는 경우에는 여러 가지로 애로 사항이 많게 된다. 진정한 파트너가 될 수도 있는 방문자를 놓치는 것은 물론, 우리에게 연락하였던 방문자가 실망하여 더 이상 상담이 진행되지도 않는 경우도 종종 발생하기 때문이다.
5) 그런데, 전시회를 준비할 때 대부분 홍보 자료 및 Sample을 준비하다 보면 이러한 간단한 방문자 목록 양식도 놓치는 수가 있으니 전시회 준비 작업을 시작할 때 방문자 기록 양식을 잊지 않도록 주변에 적어 두어야 한다.

(5) 통역 준비

1) 이제 한국의 대부분의 중소기업들은 영어를 구사할 수 있는 대표들 및 직원들이 많아 영어권에서 실시하는 전시회에 참가할 때에는 통역 준비가 불필요할 수 도 있다. 물론, 영어를 구사할만한 직원이 없을 경우에는 통역을 준비하여야 할 것이다.
2) 일본만 해도 일본어를 구사하는 한국인들이 많아 통역이 필요 없는 경우도 있겠지만, 일본어에 자신이 없는 회사는 반드시 일본어 통역을 준비하여야 한다. 왜냐하면 일본인들 중에서 영어를 구사할 수 있는 사람이 거의 없기 때문이다.
3) 한국 회사들이 가장 어려워하는 지역이 남미와 러시아라고 할 수 있다. 스페인어를 사용하는 대부분의 남미 국가에서도 영어로 의사소통을 할 수 있는 사업자들이 많지 않기 때문이다. 러시아어는 배우기도 어려워 러시아어를 구사할 수 있는 직원을 구하기도 어려운 상황이다.
4) 전시장이나 해외 출장 시 통역이 필요한 경우, 현지의 KOTRA사무실을 접촉하면 이미 준비된 통역 가능자들이 많아 쉽게 통역을 확보할 수 있으니 통역이 필요한 경우, KOTRA 혹은 지방자치단체 현지 사무실에 미리 연락하여 통역을 준비하여야 한다.

성공하는 직장생활 TIP 17

리더 VS 보스

리 더	보 스
• '가자'라고 권한다.	• '가라'고 명령한다.
• 희망을 준다.	• 겁을 준다.
• 귀가 여러 개 있다.	• 귀가 없다.
• '우리'라고 말한다.	• '나'라고 말한다.
• 선의에 의존한다.	• 권위에 의존한다.
• 공개적으로 일한다.	• 등 뒤에서 일한다.
• 남을 믿는다.	• 남을 믿지 않는다.
• 존경을 모은다.	• 복종을 요구한다.
• 대중의 눈으로 세상을 본다.	• 자기 눈으로만 세상을 본다.
• 자기의 약점을 숨기지 않는다.	• 자기의 약점을 숨긴다.
• 타협을 잘하고 대화를 즐긴다.	• 타협을 모르고 대화를 거부한다.

(참고: 리더와 보스, 사계절, 홍 사중 저)

18 관광시의 매너

(1) 주요 노선 사전 준비

1) 혼자 또는 소수의 인원과 함께 여행할 경우에는 큰 문제가 없으나 전시회를 참가하거나 통상사절단의 일원으로 해외 출장에 참여할 경우, 여분의 시간에 방문지 관광에 참여할 기회가 많다. 이러한 경우에 전시회 또는 통상사절단 참가자 전원에 대하여 관광일정을 준비하여 스케줄대로 움직이는 것이 일반적이다
2) 그렇지만, 방문 전에 방문지의 주요 관광지 또는 볼거리를 준비하는 것이 필요하다. 왜냐하면 현지 관광가이드들이 방문자들의 요청을 받아들여 일정을 조정하는 경우도 많기 때문이다.
3) 해외 출장을 많이 다녀도 업무 관계로 다니다 보면 주요한 관광지를 놓치는 경우가 많은데 대부분의 국가의 경우, 다시 한번 방문하기가 쉽지 않은 것도 사실이다. 그래서 어렵게 기회를 잡은 방문 기회를 잘 활용하여 방문지의 주요 관광지를 다녀보는 것이 추후 그 국가의 거래처와 관계를 유지하여 나가는 데 큰 도움이 될 수 있다.

(2) 동참자들의 욕구 파악

1) 단체로 움직이다 보면 다양한 성격의 참가자들을 만나게 된다. 특히, 서로 선호하는 사항이 다르다 보니 자신이 선호하는 것을 우기는 경우도 많게 된다.
2) 이러한 상황에서 정말 SMART하게 행동하기 위하여는 먼저 동참자들이 무엇을 원하는지 파악하고 그에 따라 전체 분위기를 잡아나가는 것이 비록 짧은 시간이지만 서로 유쾌하게 시간을 보낼 수 있는 방법이 되겠다.

(3) 시간 엄수

1) 단체 관광은 일정 장소에 가면 각자 원하는 곳으로 흩어질 수 있는 이때 다시 모이는 시간을 정하게 된다. 이렇게 정해진 시간을 준수하여야 다음 코스를 사전 일정대로 진행할 수 있기 때문이다. 만약 한 사람이라도 늦게 되면 낙오한 사람이 올 때까지 기다려야 하기 때문에 모든 일정이 흐트러지고 당연히 나머지 사람들의 기분도 상하게 되므로 다시 모이기로 한 시간을 반드시 준수하여야 한다.
2) 실제로 다니다 보면 꼭 한 사람씩 분위기를 망치는 것을 보게 되는데 International Businessman은 그러한 실수를 범하지 않는다.

성공하는 직장생활 TIP 18

리더 VS 관리자

리 더	관 리 자
• 현실에 도전한다. • 장기적으로 먼 곳까지 내다본다. • '무엇을, 왜' 하는가를 문제 삼는다. • 먼 앞날을 계산한다. • 창조를 한다. • 개혁을 한다. • 현상을 타파한다. • 올바른 일을 하는 사람.	• 현실을 있는 그대로 받아들인다. • 당장 눈앞에 보이는 것만 본다. • '언제, 어떻게'만을 문제 삼는다. • 당장 눈에 보이는 득실만을 계산한다. • 모방을 한다. • 관리만 한다. • 현상을 유지한다. • 일을 올바르게 처리하는 사람.

(참고: 리더와 보스, 사계절, 홍 사중 저)

19 거래 마무리의 매너

(1) 제품에 하자는 없는지 문의

1) 통상 거래처로부터 받은 신용장을 NEGO하게 되면 거의 거래는 마무리가 된다고 보면 된다. 그래서 무사히 대금 회수를 하고 나면 거래가 끝나게 되므로 대체로 신용장 NEGO후에 바쁜 업무 때문에 보낸 물건에 대하여 잊어버리는 수가 많다.
2) 그렇지만 항상 Business에서는 A/S라는 측면에서 대금 회수 후에 Follow up을 해주어야 한다. 즉, 수출 상품을 선적한 배가 목적지에 도착하여 BUYER 창고에 도착할 즈음, 거래처에 연락하여 물건이 잘 도착하였는지? 운송 중에 Damage를 입은 것은 없는지? 등을 물어보는 Happy Call이 거래처에게 가끔 감동을 주기도 한다.
3) 물론, 제품 하자는 없는지도 꼭 물어보는 것이 중요한데, 거래처에게 우리는 진정으로 거래처를 위하여 제품을 보낸 것으로 인상을 주기 된다. 단지 물건만 보내면 된다고 생각하는 경우가 많은데, 이렇게 Follow up을 해주면 Next Order와 연결되는 가능성이 높아지고, 거래처와 더욱 더 돈독한 관계를 가지는 계기가 된다.
4) 실제로, 외국의 바이어들 중에는 제일 싼 가격의 물건이나 유명한 Brand의 상품만을 고집하지 않고 자신의 사업을 열심히 도와주려는 파트너를 더 선호하는 회사들이 예상외로 더 많은 것을 알 수 있다. 항상 거래처의 사업을 걱정하여 주고 우리가 이미 대금을 받고 팔았던 물건이지만 다른 시장의 정보도 주면서 거래처의 영업에 도움을 주는 것이 장기적인 사업 관계를 유지하는 비결이 될 수 있다.

(2) 제품이 잘 팔리는지 문의

1) 제품이 도착하고 나서 일정 기간이 지난 후에는 판매 상황이 어떠한지 문의하는 것도 거래처에게 큰 감동을 줄 경우도 많다. 큰 금액이든 작은 금액이든 자금을 투자하여 구매한 제품을 잘 팔아야 하는 것이 우리 거래처들의 과제라는 점을 감안할 때 우리가 계속 거래처를 걱정하여 준다는 인식을 주는 것은 매우 중요한 일이라 하겠다.
2) 또한, 우리가 여러 나라에 수출하는 경우, 각 국가의 판매 상황도 알려주면 우리의 거래처의 판매 활동에 매우 좋은 참고자료가 될 수 있으니, 그러한 정보를 적극적으로 수집하여 거래처와 공유하는 업무가 필요하게 된다.

(3) 지속적인 협조 의향 표시

1) 입바른 얘기로 들릴 수도 있지만, 향후에 다시 주문을 한다면 적극 협조하여 주겠다는 멘트를 하는 것도 다고 쑥스럽기는 하겠지만 바이어의 마케팅 계획 수립에 참고 될 수 있는 사항이니 만큼 수시로 그러한 협조 준비가 되어 있음을 알려주는 것이 매우 중요하다.
2) 더불어 지난번에 선적한 제품 외에 또 거래처가 관심을 가질만한 제품이나 기술 정보를 수시로 보내주는 것도 거래처의 향후 영업 계획 수립에 큰 도움이 될 수 있으므로 늘 거래처의 입장에서 생각하여 보고 필요하다고 판단되는 정보나 자료를 계속 거래처에 보내주는 것을 습관화하여야 한다. 대체로, 일상생활이 바쁘다 보면 이러한 일을 등한시하게 되는데 적극적으로 이러한 업무들을 진행하는 것을 기억하기 바란다.

성공하는 직장생활 TIP 19

선박의 종류

(1) Container Vessel/Containership: Container만 싣고 다니는 배

(2) Bulk Carrier: 살물선이라고 부르는데 규격이 일정하지 않은 일반 화물을 싣는 배 (특히, 곡물)

(3) Multi-Purpose Cargo Carrier/Vessel (MPCC): 일반 화물과 Container를 동시에 운반할 수 있는 배

(4) Oil Tanker: 통상 유조선이라고 부름

(5) Crude Oil Tanker: 원유 운반선

(6) Product Carrier: 가솔린 또는 경유 등 정유 된 제품을 운반하는 선박

(7) LPG Carrier: LPG만 운반하는 선박

(8) LNG Carrier: LNG만 운반하는 선박

(9) Log Carrier: 원목 운반선

(10) Sand Carrier: 모래운반선

(11) RO-RO: Roll-On Roll-off의 약자로서 자동차처럼 화물이 스스로 굴러서 선적하고 하역하는 선박

(12) LO-LO: Lift-on Lift-off의 약자로서 선박에 크레인이나 Derrick이 장착되어 있어서 선적과 하역을 직접 하는 선박

(13) Reefer/Refrigerated Carrier: 냉동 운반선

(14) Ferry: 화물과 여객을 동시에 운반하는 선박

(15) Supply Vessel: 연안의 각 항구 또는 거점에 소모품을 운반하여 주는 선박

(16) Tug Boat: 예인선이라고 부르는데 덩치가 큰 배를 끌어서 안벽에 접안 시켜줌

(17) Barge: 사각형으로 된 배로서 동력이 없는 것이며 주로 Tug가 끌고 다닌다.

(18) Feeder: 접안 할 수 없어 외항에 머무르고 있는 큰 선박에서 Container 등 화물을 소량 실어 나르는 배

(19) Chemical Tanker : 액체로 된 화학 약품을 운반하도록 설계된 배

20 식사 매너

식사 매너에 대하여는 다른 방법으로 배울 수 있는 기회가 많겠지만, 특히 해외 출장 중에 주의할 사항을 간단히 정리하여 보았다.

(1) 아 라 카르트(A La Carte)와 MENU

1) 무역 업무 경험이 많은 사람들은 양식을 대하는 방법은 이제 모두 잘 알고 있겠지만, 사회 초년생들 중에는 아직 서툰 사람들도 많을 것이다. 통상 양식은 수프와 같은 전채요리(Appetizer) → 생선 또는 Steak → Salad → 커피와 같은 Dessert의 순서로 이루어져 있는데 이런 식으로 음식을 준비하는 곳은 MENU라는 표지판이 있다.
2) 이에 반하여, 식당에 아 라 카르트라는 표지가 붙어 있으면 한국과 같이 일품 요리를 먹을 수 있는 식당이다. 주로 스피게티나 피자를 주문할 수 있는데 간단한 요기를 할 수 있으므로 잘 활용하면 좋다.
3) 참고로, 영국을 비롯한 영연방 국가에서는 'Fish & Chips'라고 부르는 음식이 있는데 과거 영국에서 서민들의 주식이었고 지금은 간단한 점심 식사로 즐길 수 있다.

(2) 식당에 들어가서 반드시 Chief Waiter의 안내를 받는다

1) 한국에서는 식당에 들어가면 본인이 원하는 자리에 스스로 가서 앉는 습관이 있는데, 해외에서는 절대로 그렇게 해서는 안 된다. 반드시 입구에 있는 줄 서는 위치에서 Waiter 나 Waitress의 안내를 받아야 자리에 앉아야 한다.
2) 또, 겨울에 입는 Coat류는 식당 입구에 보관하여 주는 곳이 있으니 그 곳에 반드시 맡겨야 한다.

(3) Waiting Room

1) 식당에 도착하면 즉시 식사 자리로 안내하는 경우도 많지만 때때로 식사 자리로 가기 전에 Waiting Room에서 손님들과 담소를 나누며 가벼운 음료를 마시는 경우도 있다. 특히, 찾아온 외국 손님을 저녁에 초대할 경우, 식사 전에 특별히 Waiting Room에서 30분 정도 시간을 보낸 후 식사 자리로 가는 경우가 많으므로 꼭 기억하기 바란다.
2) 그런데, Waiting Room에서는 주로 Dry한 주류를 들고 Sweet한 주류는 피하여야 한다.

(4) 상석

1) 식당에서의 상석을 잘 찾아서 앉는 것이 매우 중요하다. 사각형 테이블은 별 문제가 없지만 별도의 Room에 들어가면 상석을 잘 찾아야 한다.
2) 일단, 직사각형의 방에서는 식사 초청자가 출입구를 등지고 앉고 초대받은 팀은 출입구를 바라보고 앉되, 상석은 물론 가운데 자리가 된다.
3) 그러나, 중국의 경우에는 달라지는데, 중국에서는 주로 원탁을 사용한다. 출입구 정반대 자리는 식사를 초대한 사람이 앉는데 이는 식사비를 부담하는 자리로 인식하고 있다. 초대받은 사람이 그 자리에 앉으면 안되며, 방문자 중에서 최고 상위자는 초대자의 왼쪽에 앉게 되고 그 다음은 오른 쪽에 앉게 된다. 통상 중국에서는 초대자가 방문자의 자리를 지정하여 앉게 하는 경우가 많으니 먼저 단정하고 자리에 앉는 것을 피하여야 한다.

(5) 와인 선정

1) 서양에서는 식사 중에 와인을 마시는 것이 거의 정례화되어 있고, 물론 대부분의 경우 초대자는 먼저 방문자에게 와인을 선택하도록 하지만 와인을 잘 모르는 한국인들은 초대자에게 선택하도록 요청하게 된

다. 그러면 초대자는 자기의 취향에 따라 와인을 주문하게 되지만 방문자는 Red 또는 White를 지정할 수는 있다. Red Wine은 주로 육류와 더불어 마시고 White Wine는 생선 류 또는 야채와 함께 마시는 것으로 생각하면 된다.

2) 한국인은 아직도 와인을 마시는 문화가 정착되어 있지 않아 다소 낯설기도 하고, 특히 자주 마시면 생기는 소화효소가 한국인에게는 거의 없기 때문에 와인을 너무 많이 마시면 나중에 숙취로 고생할 수도 있으니 평소에 와인을 자주 마시지 않은 사람들은 와인을 너무 마시면 나중에 고생할 수도 있다.

3) 일단 와인을 주문하면 종업원이 먼저 와인을 들고 와서 개봉한 후 누가 맛을 Test할지를 물어 본다. 물론 방문자에게 Test해 보라는 제안은 하지만 직접 Test하는 한국인은 그다지 많지 않다. Wine Test를 하는 이유는 자신이 주문한 와인이 맞는지 혹은 맛이 예상했던 것과 같은지를 점검하는 것이며 와인을 주문하면 통과 의례로 항상 거치는 수순이다.

4) 한국인들이 또 많이 실수하는 부분은 와인 잔을 드는 방법이다. 드라마에서 나오는 장면을 보면 와인 잔을 들 때 거의 모든 출연자들이 와인 잔의 다리 부분을 잡고 와인을 마시는 경우가 많다. 그런데 꼭 기억해야 하는 것은 Red Wine은 상온의 것을 마시고 White Wine는 차게 마시는 것이다. 따라서, White Wine을 마실 때에는 와인 잔을 잡는 손의 체온으로 와인이 덥혀지지 않게 와인 잔의 다리를 잡고 마셔야 한다.

5) 이에 비하여 Red Wine은 상온의 것을 마시기 때문에 손바닥으로 와인 잔을 감싸야 하고 와인 잔의 다리를 손가락 사이에 넣어야 한다. 그래서, Red Wine의 와인 잔은 잔의 입구가 크고 밑부분은 대체로 둥글며 White Wine의 와인 잔은 잔의 입구가 다소 작고 기다란 모습을 하고 있다. 그래서, 와인을 주문하였을 때 그에 맞는 와인 잔이 아니면 전부 회수하고 와인에 맞는 와인 잔을 다시 가져 오게 된다.

(6) 테이블의 위치 배열: 나이프, 포크, 빵, 와인 잔, 샐러드 등

1) 양식에서 사용하는 식사 도구는 나이프, 포크 그리고 간혹 숟가락이 나오는데, 나이프와 포크는 접시의 양쪽에 놓이게 되고 식사를 할 때에는 양쪽 맨 끝의 것들을 먼저 사용하여야 한다. 접시 위쪽에는 수프용 숟가락, 버터용 포크 또는 샐러드용 포크가 놓이게 된다.
2) 와인 잔은 주로 오른쪽에 놓이고, 빵은 왼쪽의 것을 취하면 되는데 가끔 원탁의 경우 참석자들의 실수로 헷갈리는 수가 있으니 옆 사람의 행동을 유심히 관찰한 후에 시작하는 것이 좋다. 식사를 주문하고 먼저 빵과 버터를 가져다주는데 자유롭게 즐기면 된다.

(7) 조미료를 넘겨 받을 때

조미료가 필요하여 찾아보았더니 한 사람 건너에 있을 경우, 몸을 일으키거나 팔을 쭉 뻗어서 집는 것은 금물이다. 이러한 경우에는 소금이 가까운 사람에게 'Please pass me the salt!'라고 하면서 넘겨달라고 해야 한다.

(8) Salad Dressing

최근에 들어 한국에서도 Salad를 즐기면서 각자가 선호하는 Dressing을 가지고 있다. 양식당에서 Salad를 주문하면 당연히 어떠한 Dressing을 원하는지 묻게 된다. 이때 본인이 좋아하는 Dressing을 주문하면 되고 만약 좋아하는 Dressing이 없으면 사전에 공부하여 준비하거나 종업원에게 어떠한 Dressing이 있느냐고 질문하여 답변하여 주는 것 중에서 마음에 드는 것을 골라서 주문하면 된다. 요즘에는 매우 다양한 Dressing이 있으니 좋은 것을 체험하는 기회로 삼아도 좋을 것이다.

(9) 뷔페 식당에서

한국에서도 이제는 뷔페식당을 잘 가지 않는데 만약 뷔페식당에 갈 기회가 생기면 기억할 것들이 있다. 뷔페식당이지만 양식당의 순서와 같은 음식을 취하되, 먼저 차가운 음식부터 시작하고 마지막에는 디저트를 먹는 것이 보편적인 방법이다.

(10) Steak Order

1) 이제는 한국에서도 Steak를 먹을 수 있는 기회가 많아 Steak 요리 방법에 대하여 아는 사람들이 많은데, 대체로 5가지 중에서 하나를 선택하게 된다. Rare, Medium Rare, Medium, Medium Well Done, Well Done이다. 외국에서는 주로 Rare로 고기 요리 방법을 선택하는데 거의 고기의 피가 흐를 정도이며 비위가 약한 한국인들은 기피하는 경우가 많은데 사실 Rare로 요리해야 고기 맛이 좋고 부드럽게 된다.
2) 한편, Steak를 주문하면 종업원이 또 질문하는 것이 있는데 Side menu로 통 감자를 원하는지 튀김 감자를 원하는지 묻게 된다. 각자 취향에 맞는 것을 주문하면 되는데 통 감자를 주문하는 경우, Cream을 얹겠냐는 질문을 받기도 한다. 튀김 감자를 미국에서는 French Fries라고 부르고, 영국에서는 Chips라고 부른다.
3) 그리고, Steak 요리의 Side menu로 가지가 따라오기도 하는데 가지가 콜레스테롤을 억제하는 효과가 있어 오래 전부터 가지를 함께 제공하고 있다.

(11) 식사 중에는 소리를 내지 않는다

한국 사람들은 식사 중에 쩝쩝거리면서 소리를 내는 것이 별로 문제가 되지 않지만 외국에서는 식사 중에 소리를 내면 결례가 된다. 특히 음식을 입에서 씹을 때 절대로 입을 벌려서는 안 된다. 이 부분은 특별히 조심하여야 한다.

(12) 식사 중에 식사 도구를 떨어뜨렸을 때

절대로 몸을 구부려서 떨어진 식사 도구를 집지 말아야 한다. 반드시 웨이

터를 불러서 식사 도구를 떨어뜨렸으니 새로 달라고 얘기를 하여야 한다.

(13) 음식값 계산 방법

1) 식사 후에 음식값을 치를 때 한국에서는 카운터에 직접 가서 계산을 하는데 외국에서는 그러한 경우가 거의 없다. 따라서, 일단 종업원을 불러서 'Bill please!'라고 얘기하여 음식값 청구서를 가져오게 하면 종업원은 청구서를 작은 결제 판에 넣어서 가져 온다. 청구서를 들여다보고 비용 결제 방법을 정하고 종업원에게 Credit Card 또는 현금을 작은 결제 판에 넣어서 종업원에게 주면 된다.
2) 그런데, 한국에서는 극히 일부 식당에서만 적용하는 것인데 외국에서는 식당에서 식사를 하고 난 후에 Tip을 받지 않는다고 공지하지 않는 한 반드시 종업원에게 Tip을 주어야 한다. 대체로 만족도에 따라 10%~20% 사이의 Tip을 주는데 현금으로 결제하였을 경우에는 작은 결제 판에 Tip에 해당하는 현금을 넣어 두면 되고, Credit Card로 결제할 때에는 카드 용지 밑부분에 있는 Tip을 적는 칸에 주고자 하는 Tip의 금액을 적고 맨 밑의 Total 부분에 합계액을 적어 주면 된다.
3) Tip을 주지 않으면 종업원의 표정이 일그러지고 어떤 경우에는 정색을 하고 Tip을 요구하는 경우도 있으니 주의하기 바란다.

성공하는 직장생활 TIP 20

(1) Global 기업의 해외 진출 동기

1) 시장 추구형
2) 생산 효율 추구형
3) 자원 추구형
4) 정치적 안정 추구형
5) 선도 기업 추종형

(2) Global 기업의 영향

1) 긍정적인 면
   A. 세계 경제적 후생 총량 증대
   B. 다양한 소비 생활 제공
   C. 기업들의 생산성의 획기적인 향상
2) 부정적인 면
   A. 기술종속에 따라 기술의 독자 개발 기반 약화
   B. 현지기업의 자금 소요 고갈
   C. Global 기업에 의한 실질적인 산업 지배
   D. 일종의 경영혁명을 통한 인사/노동 측면의 부작용
   E. 문화적 차이를 고려하지 못한 일방적 경영으로 오해와 분쟁

21 오프라 윈프리의 십계명

현재 미국에서 흑인 여성 중에 최고 부자라는 오프라 윈프리는 우리에게 시사하는 점이 매우 많다. 오프라 윈프리의 어머니는 흑인 빈민가에서 살았는데 어느 날 성폭행을 당하여 오프라 윈프리를 임신하여 사생아로 낳게 되었는데, 오프라도 자라나는 중에 15세 전후에 어머니와 같이 역시 성폭행을 당하는 일을 겪었다.

이러한 불운 속에서도 좌절하지 않고 꿈을 키워가던 오프라는 양아버지를 만나게 되었고 양아버지는 오프라 윈프리에게 많은 책을 읽을 것을 권하였고, 그 많은 독서량이 토크쇼를 이끌어 갈 때 엄청난 도움이 되었음은 두 말할 나위도 없다.

Phil Donahue가 독점하던 Daytime Talk Show분야에 과감히 뛰어든 오프라는 이름부터 바꾸라는 많은 사람들의 우려에도 불구하고 Phil Donahue를 물리치고 당당히 시청률 선두를 차지하는 쾌거를 이루었다. 올해 중반에 은퇴한 그녀가 정말 대단한 의지로 이끌어 낸 엄청난 결과를 보면서 우리의 귀감으로 삼을 가치가 있어서 간단히 그녀를 소개하였고, 오프라 윈프리의 십계명을 소개하니 자신의 미래가 불투명한 분들은 한번 오프라 윈프리의 삶과 십계명을 읽으면서 여러분들의 꿈을 키워보기 바란다.

(1) 남들의 호감을 얻으려 애쓰지 말라
(2) 앞으로 나아가기 위해 외적인 것에 의존하지 말라
(3) 일과 삶이 최대한 조화를 이루도록 노력하라.
(4) 주변에 험담하는 사람들을 멀리하라.
(5) 다른 사람들에게 친절 하라.
(6) 중독된 것들을 끊어라.

(7) 당신에 버금가는 혹은 당신보다 나은 사람들로 주위를 채워라.

(8) 돈 때문에 하는 일이 아니라면 돈 생각은 아예 잊어라.

(9) 당신의 권한을 다른 사람에게 넘겨주지 말라.

(10) 포기하지 말라.

1. 신용장 항목 설명

2. 신용장 Sample

3. Sales Contract Sample

4. 간이 무역 계약서

신용장 발행을 위한 SWIFT Message Type

(MT700 Issue of Documentary Credit)

M/O	Tag	Field Name	Content/Options
M	27	Sequence of Total	1n/1n
M	40A	Form of Documentary Credit	24x
M	20	Documentary Credit Number	16x
O	23	Reference to Pre-Advice	16x
O	31C	Date of Issue	6n
M	31D	Date and Place of Expiry	6n29x
O	51a	Applicant Bank	A or D
M	50	Applicant	4*35x
M	59	Beneficiary	[/34x] 4*35x
M	32B	Currency Code, Amount	3a 15number
O	39A	Percentage Credit Amount Toterance	2n/2n
O	39B	Maximum Credit Amount	13x
O	39C	Additional Amounts Covered	4*35x
M	41d	Available with …By…	A or D
O	42C	Drafts at…	3*35x
O	42a	Drawee	A or D
O	42M	Mixed Payment Details	4*35x
O	42P	Deferred Payment Details	4*35x
O	43P	Partial Shipments	1*35x
O	43T	Transshipment	1*35x
O	44A	Loading on Board/Dispatch/Taking in Charge at/from…	1*65x
O	44B	For Transportation to…	1*65x
O	44C	Latest Date of Shipment	6n
O	44D	Shipment Period	6*65x
O	45A	Description of Goods and/or Services	50*65x
O	46A	Documents Required	50*65x
O	47A	Additional Conditions	50*65x
O	71B	Charges	6*35x
O	48	Period for Presentation	4*35x
M	49	Confirmation Instructions	7x
O	53a	Reimbursement Bank	A or D
O	78	Instructions to the Paying/Accepting/Negotiating Bank	12*65x
O	57a	"Advise Through" Bank	A, B or D
O	72	Sender to Receiver Information	6*35x

(주) M은 Mandatory, O는 Optional/n은 숫자, x는 문자 표시의 약어임.

수입신용장(SWIFT MT 700) 개설 사례

Application header block :	: I Outgoing Message
: Input/Output ldentifer	: 700 issue of a documentary credit
: Transaction Typer	: n Normal
: Transaction Prioity	: WOORI BANK, SEOUL
: From	: HANKOOK BANK
: To	HONG KONG BRANCH, HONG KONG

Text Block :	
/27 : sequence of total	: 1/1
/40A : form of documentary credit	: IRREVOCABLE
/20 : documentary credit number	: M1234 606NS00018
/31C : date of issue	: 06/06/24
/31D : date and place of expiry	: 06/08/20 HONG KONG
/50 : applicant	: KOREA TOYS CO., LTD. 159-1SAMSUNGDONG KANGNAM-GU, SEOUL, KOREA
/59 : beneficiary	: CHINA TOYS CO., LTD. RM 1000 CHAI WAN IND. CITY PHASE 1, 60 WING TAIRO, CHAIWAN H.K.
/32B : currency code amount	: USD 119,000.00
/39A : pct credit amount toterance	: 10/10
/41D : available with/by name, address	: ANY BANK BY NEGOTIATION
/42C : drafts at	: AT SIGHT
/42A : drawee	: HONG KONG FIRST BANK LTD., HONG KONG(ADDR : 2007, JARDINE HOUSE 1 CONNAUGHT PLACE, CENTRAL, HONG KONG)
/43P : partial shipments	: ALLOWED
/43T : transshipment	: NOT ALLOWED
/44A : on board/disp/taking charge	: SHIDAO, CHINA
/44B : for transportation to	: BUSAN, KOREA
/44C : latest date of shipment	: 06/08/10

/45A : descr goods and/or services

700PAIRS OF CHINESE GIANT BEAR TOY
SIZE : MIN 1.5 METERS AT USD170.00
F.O.B.SHIDAO.CHINA

/46A : documents required

+SIGNED COMMERCIAL INVOICE IN QUINTUPLICATE
+PACKING LIST IN TRIPLICATE
+FULL SET OF CLEAN ON BOARD OCEAN BILL OF LADING MADE OUT TO THE ORDER OF WOORI BANK MARKED FREIGHT COLLECT AND NOTIFY APPLICANT
+CERTIFICATE OF ORIGIN

/47A : additional conditions

ALL DOCUMENTS MUST BEAR OUR CREDIT NUMBER M1234 606NS00018
T/T REIMBURSEMENT NOT ALLOWED
OUANTITY 10 PCT MORE OR LESS ALLOWED
+THIRD PARTY DOCUMENTS ACCEPTABLE

/71B : charges	: ALL BANKING COMMISSIONS AND CHARGES INCLUDING REIMBURSEMENT CHARGES OUTSIDE KOREA ARE FOR ACCOUNT OF BENEFICIARY
/49 : confirmation instructions	: WITHOUT
/53A : reimbursement bank	: HONG KONG FIRST BANK LTD., HONG KONG(ADDR : 2007, JARDINE HOUSE 1 CONNAUGHT PLACE, CENTRAL, HONG KONG)

/78 : instructions to pay/acc/neg bk :

DRAFTS MUST BE SENT TO DRAWEE BANK FOR YOUR REMBURSEMENT
AND ALL DOCUMENTS TO US BY COURIER SERVICE IN ONE LOT

/72 : sender to receiver information	: THIS CREDIT IS SUBJECT TO U.C.P(1993 REVISION) I.C.C. PUBLICATION NO. 600.

수출신용장통지서

(Export Documentary Credit Advice)

전자문서번호 : 구 분 : Original

-----------------------------〈일반정보 〉-----------------------------

통지일자 : 2011-02-22

통지번호 :

SWIFT 전문발신은행 : EVERCNBJNJ1

SWIFT 전문수신은행 :

-----------------------------〈스위프트 〉-----------------------------

40A Form of Documentary Credit : IRREVOCABLE

20 Documentary Credit Number :

31C Date of Issue : 2011-02-21

40E Applicable Rules : UCP LATEST VERSION

31D Date and Place of Expiry : 2011-03-31KOREA

50 Applicant :

59 Beneficiary :

32B Currency Code, Amount : USD

39A Percentage Credit Amount Tolerance : 15. 15

41a Available with by... : ANY BANKBY NEGOTIATION

42C Drafts at... : sight for 100pct of invoice value

42a Drawee : ISSUING BANK

43P Partial Shipments : ALLOWED

43T Transhipment : NOT ALLOWED

44E Port of Loading/Airport of Departure

ANY PORT IN KOREA

44F Port of Discharge/Airport of Destination

ANY PORT IN CHINA

44C Latest Date of Shipment : 2011-03-10

45A Description of Goods and/or Services :

COMMODITY:HOT DIP 55PCT ALUMINIUM-ZINC ALLOY COATED STEEL SHEET AND COIL ASTM A792,CQ,AZ-150,REGULAR SPANGLE,HIGH WORKABLE REGIN,CR-FREE,CHROMATE,MILL EDGE

COIL ID :508MM
PACKING :EXPORT STANDARD PACKING
TOTAL QUANTITY:483.060MT
TOTAL AMOUNT:USD401,146.80 CFR FO ANY PORT IN CHINA

46A Document Required

1. SIGNED COMMERCIAL INVOICE IN 3 ORIGINALS INDICATING L/C NO. AND
CONTRACT NO.KSUN110216.
2. 2/3 SET OF CLEAN ON BOARD OCEAN BILL OF LADING PLUS 3 NON-NEGOTIABLE COP.IES MADE OUT TO ORDER,BLANK ENDORSED, MARKED FREIGHT PREPAID NOTIFYING APPLICANT.
3. PACKING LIST/WEIGHT LIST IN 3 ORIGINALS ISSUED BY BENEFICIARY.
4. BENEFICIARY'S CERTIFICATE CERTIFYING THAT 1/3 OF ORIGINAL B/L BLANK ENDORSED WITH 1 FULL SET OF NON-NEGOTIABLE SHIPPING DOCS HAVE BEEN SENT TO APPLICANT.
5. BENEFICIARY'S CERTIFICATE CERTIFYING THAT THE FOLLOWING DOCS HAVE BEEN SENT BY COURIER SERVICES WITHIN 5 WORKING DAYS AFTER B/L DATE:
-WEIGHT LIST
-CERTIFICATE OF QUALITY ISSUED BY MANUFACTURER
-CERTIFICATE OF ORIGIN

47A Additional Conditions

+ONE ADDITIONAL PHOTOCOPY OF ORIGINAL INVOICE AND TRANSPORT DOCUMENTS SHOULD BE PRESENTED FOR ISSUING BANK'S FILES.
+WHEN EFFECTING PAYMENT, OUR TELEGRAPHIC TRANSFER CHARGES, SETTLEMENT FEE WILL BE DEDUCTED FROM THE PROCEEDS.
+A DISCREPANCY FEE OF USD80.00 OR EQUIVALENT WILL BE DEDUCTED FROM THE PROCEEDS FOR EACH SET OF DOCUMENTS PRESENTED WITH DISCREPANCY(IES).
+BOTH QUANTITY AND AMOUNT 15PCT MORE OR LESS ARE ALLOWED.
+THIRD PARTY DOCS EXCEPT DRAFTS AND INVOICES ARE ACCEPTABLE.
+CHARTER PARTY B/L IS ACCEPTABLE.

71B Charges : ALL BANKING CHARGES OUTSIDE ISSUING BANK ARE FOR BENEFICIARY'S ACCOUNT.

48 Period for presentation : DOCUMENTS TO BE PRESENTED WITHIN 21 DAYS AFTER SHIPMENT DATE BUT WITHIN VALIDITY OF THIS CREDIT.

49 Confirmation Instructions : WITHOUT

78 Instructions to the Paying/Acception/Negotiating Bank :

ALL DOCUMENTS ARE TO BE FORWARDED IN ONE LOT BY COURIER SERVICE TO:CHINA EVERBRIGHT BANK NANJING BRANCH
NO. 120 HANZHONG ROAD, NANJING 210029 P.R.CHINA
+EACH DRAWING MUST BE NOTED ON THE REVERSE SIDE OF THE CREDIT BY THE BANK WHERE THE CREDIT IS AVAILABLE.
+DRAFT(S), IF ANY, DRAWN UNDER THIS CREDIT MUST INDICATE NO. AND DATE OF THE CREDIT, NAME OF THE ISSUING BANK.
+UPON RECEIPT OF THE DOCUMENTS IN COMPLIANCE WITH THE TERMS AND CONDITIONS OF THIS CREDIT, WE SHALL REIMBURSE YOU ACCORDING TO YOUR INSTRUCTIONS.

----------------------------〈전자서명〉----------------------------

개설은행 전자서명 : 농 협 중 앙 회 최 원 병
평 창 군 지 부
0300000223

Sales Contract

BETWEEN

____

(AS THE BUYER)

AND

____

(AS THE SELLER)

20__. . .

Contract No. ____________

This Contract ("Contract") made and entered into this --- day of ---, 20---- by and between ---------, a Chinese corporation having its principal place of business at -------------- (the "Buyer") and ______________________, a Korean corporation having its principal place of business at _____________________, Seoul, Korea (the "Seller")

WITNESSETH :

WHEREAS, the Buyer desires to purchase from the Seller and the Seller desires to sell to the Buyer certain product as defined herein-below.

NOW, THEREFORE, in consideration of the premises and mutual covenants herein contained, the parties hereto agree as follows :

Article 1. Sale of Product

The Buyer shall purchase from the Seller and the Seller shall sell exclusively in the territory of Asia and mainland China to the Buyer newly manufactured GSM Mobile Handphone Model no. ______________ (the "Product") subject to the terms and conditions herein provided.

Article 2. Quantity, Specification and Quality

2.1 The Buyer shall purchase from the Seller and the Seller shall sell to the Buyer ______ (____) sets of the Product.

2.2 Specification and Quality
The specifications and quality of the Product are prescribed and specified in Specification attached hereto as Annexure I.

2.3 The term "Model Exclusivity" shall mean that buyer has sole right to market and sell the products in the territory of Asia and Mainland China.

2.4 The term "Product(s)"shall mean GSM cellular handset known as model no.____ with brand of buyer or ________________

2.5 The parties agreed to market the product under brand of buyer or _____________

2.6 The detailed location and size of each brand shall be discussed and agreed within ten(10) working days from the date of this Contract.

Article 3. Price

3.1 The agreed unit price of each Product (the "Price") is US$ -------------- (United States Dollars_____________) on F.O.B. Korean port basis.The Total amount is US$ _______________________ (United States Dollars _______________________).

3.2 Standard Package consists of one main transceiver, one travel charger, one standard battery and one hands free kit.

3.3 Accessories, which can be purchased separately from the Seller, are extended battery and leather case.

3.4 The Price is fixed and effective up to shipments for the abovementioned quantity. and thereafter the Price shall be readjusted for the additional quantity according to mutual agreement.

Article 4. Payment

4.1 Except as otherwise agreed by the parties hereto, all the payment for the Product shall be made in United States Dollars by unconditional, irrevocable and transferable letter of credit in favor of the Seller, established or confirmed by first class international bank designated by the Seller. The letter of credit shall be established by the Buyer within two (2) weeks after signing this Contract and shall be negotiable at sight against draft accompanied by the following shipping documents in triplicate and shall be valid for no less than fifteen (15) days after the latest date allowed for the shipment :

(1) Bill of Lading or copy of Airway Bill
(2) Commercial Invoice
(3) Packing List
(4) Certificate of Origin
(5) Inspection Certificate issued by Korean Manufacturer

The Buyer shall bear all banking expenses associated with establishing of the letter of credit. Partial shipment, transshipment and partial negotiations of letter of credit shall be permitted and the letter of credit shall be worded accordingly.

4.2 Delay by the Buyer in establishing the letter of credit shall extend the time for performance of this Contract by the Seller to such extent as may be necessary to enable it to make delivery in the exercise of reasonable diligence after such letter of credit has been established.

Article 5. Shipment of the Product

The Product shall be delivered by the Seller to the Buyer at any Korean port in accordance with the Shipment Schedule attached hereto as Annexure II (the "Shipment Schedule").

Article 6. Late Delivery

6.1 In the event that the Seller delays shipment of the Product in accordance with the Shipment Schedule for reasons solely attributable to the Seller, the Buyer shall grant the Seller seven days' grace, without liquidated damages hereunder. After that seven days' grace, the Buyer has the right to claim two-tenth of one percent (0.2%) of the contract price of the Product of which shipment has been delayed, per each full week from eighth day after the scheduled delivery date until actual shipping date thereof. The total amount of the liquidated damages under this Article shall not be more than one percent (1%) of the contract price of the Product delayed. The liquidated damages under this Article shall be to the full satisfaction of the Seller's liability for delay and therefore the Buyer shall not claim any other losses or damages incurred due to such delay.

6.2 If the aforesaid delay in shipment exceeds five (5) full weeks, the Buyer has the right to cancel the purchase of the Product delayed.

6.3 In the event of Force Majeure stipulated herein, liquidated damages for late delivery shall not be applied.

Article 7. Packing and Marking

The Product to be shipped pursuant to Article 3.2 shall be packed and marked in the manner customary for exporting.

Article 8. Insurance and Risk of Loss

8.1 The Buyer shall obtain and pay for all marine insurance for its own account, provided that all marine insurance obtained by the Buyer shall include, for the protection of the Seller, standard warehouse to warehouse coverage.

8.2 Risk of loss and damage to the Product shall pass to the Buyer upon delivery on board the vessel at the shipping port.

Article 9. Warranty

9.1 The Product supplied by the Seller is hereby expressly warranted to be free from defects in material and workmanship under normal use and service.

9.2 This warranty shall be limited to a period of 12 months from and including the date of shipment of the Product. The Seller shall supply to the Buyer additionally free of charge total _______ sets which is 2% of the contracted quantity in order for the Buyer to replace the defective Product during the warranty period. If the quantity of the defective Product be more than 2% of the contracted price the Seller shall supply to the Buyer the new units or components as per mutual agreement on the reason for the defects.

9.3 The above warranty shall not apply to the Product, which is used for a purpose for which it was not designed or which has been subject to normal wear and tear, damage caused by accident, misuse, abuse, improper maintenance or damage occurring during shipment.

9.4 The Seller's liability under this warranty shall be IN LIEU OF ALL OTHER LIABILITIES OF THE SELLER for defect in material or workmanship of the Product or ANY OTHER WARRANTIES, EXPRESS OR IMPLIED, statutory or at common law WHICH THE BUYER HEREBY WAIVES. In no event shall the Seller be liable for consequential or indirect damage regarding the Product.

Article 10. Claim

10.1 Filing of claim of defects of the Product shall be executed and notified by and from the Buyer to the Seller fully by telex, cable or in writing within ten (10) days after the Buyer learns by use or otherwise of the defects of the Product complained of, subject to the provisions of Article 9.2 hereof.

10.2 The filing of claim by the Buyer shall be evidenced by the sample of the defective Product or photographs showing defects of the Product and annexed with standard claim form, presented in advance by the

Seller and filled out in detail by the Buyer, together with inspection report which was drawn up and signed by the Seller or Seller's representative ; provided that compliance by the Buyer with these requirements shall not constitute an admission by the Seller of the merits of the Buyer's claim.

10.3 Should the Product be determined to be defective, the Seller shall pay the Buyer amounts agreed mutually by means of deducting the amounts from the contract amount of following shipments or by other agreed reasonable means in due course.

Article 11. Force Majeure

11.1 Except for the payments due for the Productdelivered by Seller, any party ("Affected Party") hereto shall not be responsible to the other party ("Non-Affected Party") for non-performance (either in whole or in part) or delay in performance of the terms and conditions of this Contract, due to war, war-like operations, terror ; act of God ; riot ; strikes, sabotage or other labor disturbances in the manufacturing plant ; lockout of the manufacturing plant ; epidemics, floods, earthquakes, typhoon ; embargoes, laws and regulations of the Buyer's country or Korean Government ; shortage or failure in supply of raw materials from the contemplated sources of supply or any other causes beyond the control of the parties. In case of any such event the terms of this Contract relating to time and performance shall be suspended during the continuance of the event.

11.2 Within five (5) days from the date of commencement of the event, the Affected Party shall advise the Non-Affected Party by telex, cable or

______ of the date when such delay in performance commenced, and the reasons therefor as enumerated in this Contract ; likewise, within five (5) days after the delay ends, the Affected Party shall advise Non-Affected Party by telex, cable or ____of the date when such delay ended, and shall also specify the redetermined time by which the performance of the obligations hereunder is to be completed.

Article 12. Breach, Indemnity

12.1 In the event that either party breaches any obligation under this Contract or toward a third party, delays or interferes with the other party in the performance of this Contract, it shall be liable to the other party for any reasonable direct damages sustained by the other party, but neither party shall be liable to the other party for any consequential damage or indirect damage, such as loss of profit. In the event a third party commences any proceeding for which a party hereto intends to claim indemnity, such party shall promptly notify the other party and allow suitable participation in all stages of the proceeding and settlement thereof. Failure to promptly notify or allow equitable participation by the other party shall reduce the right of indemnity by the extent of actual resultant prejudice.

12.2 It is specifically understood and agreed by both parties hereto that the Buyer shall be solely responsible for observance of any restriction against importation of the Product, including antidumping order, imposed by any federal or local authority in _________ and shall defend and save harmless the Seller from any liabilities and obligations under the restriction or any claims arising out of the infringement of the restriction.

Article 13. Taxes/Duties, Contingent Charges

13.1 Any duties, tariffs for import and export or other taxes or charges which are now assessed or imposed or which may hereafter be assessed or imposed by Chinese Government or other competent authorities other than Korea in connection with the Product and/or transactions thereof shall be borne and paid by the Buyer.

13.2 Increase in freight, insurance premiums, and/or surcharge, due to war, threat of war, warlike conditions, port congestion or other emergency or contingency unforeseen or not existent at the time of concluding this Contract, shall be for the Buyer's account.

Article 14. After-sales Service

The Seller may at its own judgment dispatch some experienced technicians to some places in China for the purpose of rendering effective after-sales service in connection with the Product.

Article 15. Infringement

The Buyer shall be liable for and hold the Seller harmless from and against all losses and damages incurred and suits and claims brought by third party due to possible infringement of trademark, patent, copyright or other proprietary rights of the third party in connection with the Seller's manufacture and sale of the Product according to the Specification attached hereto as Annexure I.

Article 16. Termination

16.1 This Contract may be terminated upon occurrence of any of the following events :

i) Agreement in writing of the parties hereto;

ii) By the non-defaulting party, upon default by the other party in the performance of any of its obligations under this Contract, if not remedied within 30 days after receipt of written notice from the non-defaulting party ;

iii) By the other party, upon either party's (a) making an assignment for the benefit of creditors, being adjudged bankrupt, or becoming insolvent ; (b) having a reasonable petition filed seeking its dissolution or liquidation not stayed or dismissed within sixty (60) days ; or (c) ceasing to do business for any reason ;

iv) By the Seller, if the Buyer fails to open relevant letter of credit by more than five (5) full weeks as stipulated in Article 4.2 hereof ; or

v) By either party, if a force majeure condition under Article 11 hereof makes it unreasonable to proceed with this Contract in the foreseeable future.

16.2 Upon termination of this Contract, neither party shall be discharged from any antecedent obligations or liabilities to the other party under this Contract unless otherwise agreed in writing by the parties hereto.

16.3 Nothing in this Contract shall prevent either party from enforcing such remedies as may be available in lieu of termination.

Article 17. Arbitration

All disputes arising in connection with this Contract shall be finally settled by arbitration in Hong Kong(or such other place as the parties may agree in writing), pursuant to the rules of arbitration then in force of the International Chamber of Commerce. The arbitration award may take the form of an order to pay a sum of money and/or to perform or refrain from an act.

Article 18. Governing Law

This Contract shall be governed by and construed in accordance with the laws of Hong Kong. However, the trade terms shall be construed in accordance with INCOTERMS 2000.

Article 19. Assignment

19.1 The Buyer shall not assign this Contract to any other person without the Seller's prior written consent. In the event of assignment with the written consent of the Seller, the Buyer shall not be relieved from its obligations under this Contract and shall be held responsible for its performance.

19.2 The Seller may transfer or assign all or any part of its rights and obligations under this Contract to any one of its subsidiaries or affiliated companies, provided always that the Seller shall not be relieved from its obligations under this Contract and shall be held responsible for its performance.

Article 20. Non-Waiver

No claim or right of either party under this Contract shall be deemed to be waived or renounced in whole or in part unless the waiver or renunciation of such claim or right is acknowledged and confirmed in writing by such party.

Article 21. Notice

21.1 Unless otherwise agreed in writing by the parties, all notices, demands and other communications required or permitted to be given in this Contract, shall be written in English and shall be sufficiently given if delivered in person or sent by airmail, by e-mail, by cable, by fax, or by telex, addressed as follows :

___________________(the Buyer) ____________________________(the Seller)

Address :
Cable :
Telex :
Telephone :
e-mail :
Fax :

Article 22. Effective Date and Term

This Contract shall become effective upon signing of the duly authorized representatives of both parties hereto and remain in full force and effect up to shipment of all quantity unless terminated earlier pursuant to Article 16.

IN WITNESS WHEREOF, the parties hereto have executed this Contract as of the day and year first above written.

The Seller ____________________ The Buyer ______________________

By: ____________________________ By: ____________________________
Typed Name: __________________ Typed Name: __________________
Position: _______________________ Position: _______________________

1. 간이 무역계약서(예시)

HAWOO CORPORATION
W.T.P.O. BOX 1010
Trade Tower 30F.
Kangnam-Ku, Seoul, Korea
TEL: 02-6000-5353 FAX: 02-6000-5161
SALES CONTRACT NO.123

DATE : June 10, 2007

MESSRS, PFISTER & VOGEL INC.
Los Angeles, U.S.A.

We as Seller confirm having sold you as Buyer the following goods on the terms and conditions as stated below and on the back hereof.

QUANTITY	DESCRIPTION	PRICE	SHIPMENT
10,000yards	Printed Synthetic Febric 44 x about 500yards 100% Acrylic Fast Color	CIF New York in U.S. Currency $0.72	Aug. 2007

Total Amount : US$7,200.00

PAYMENT : By a Documentary Letter of Credit at 90 days after sight in favour of you.
INSURANCE : Seller to cover the CIF price plus 10% against All Risks including War and SRCC Risks.
PACKING:About 500 yards in a carton box
DESTINATION : LOS ANGELES, U.S.A. <SHIPPING MARK>

P&V
LOS ANGELES
BOX NO. 1/UP
MADE IN KOREA

PLEASE SIGN AND RETURN THE DUPLICATE

BUYER	SELLER
PFISTER & VOGEL INC.	HAWOO CORPORATION.
(Signed)	(Signed)
______________________	______________________
David Jones	GIL DONG HONG
President	Export Manager

General Terms and Conditions

1. Principal to Principal Basis:This Contract Recognizes the fact that it is on a principal to principal basis between Seller and Buyer.
2. Quantity:Quantity is subject to a variation of five percent(5%) plus or minus at Seller's option.
3. Shipment:The date of Bill of Lading shall be taken as the conclusive date of shipment. Partial shipment and / or transshipment shall be permitted, unless otherwise stated on the face hereof. Seller shall not be responsible for non-shipment or late shipment in whole or in part by reason of Force Majeure, such as fires, floods, earthquakes, tempests, strikes, lockouts, and other industrial disputes, mobilization, war, threat of war, riots, civil commotion, hostilities, blockade, requisition vessel, and any other contingencies beyond Seller's control.
4. Price:The price(s) is (are) on the rate of freight and insurance premium prevaling at the time of accepting the order, and any increase in the rate of freight and insurance premium at the time of shipment shall be born by Buyer.
5. Inspection:Inspection performed under the export regulation of Korea is final respect of quality and / or conditions of the contracted goods, unless otherwise stated on the face hereof.
6. Trade Terms:The trade terms used in this contract shall be governed and interpreted by the provisions of Incoterms(2000 edition) unless otherwise specificaly stated.
7. Infringement:Buyer shall hold Seller harmless from liability for any infringement with regard to patent, trade mark, design and/or copyright originated or chosen by Buyer.
8. Claim:Any claim by Buyer must be made in writing within fourteen(14) days will be recognized if they are used.
9. Arbitration:All disputes, controversies, or differences which may arise between Seller and Buyer, out of or in relation to or in connection with this Contract, or for the breach thereof, shall the finally settled by arbitration in Seoul, Korea accordance with the Commercial Arbitration Rules of The Korean Commercial Arbitration Board. The award rendered by the arbitrator(s) shall be final and binding upon both parties.
10. Governing Law: This Contract shall be governed in all respects by the laws of Korea.

2. 포괄계약방법(Master Contract)

GENERAL AGREEMENT

between ; Pfister & Vogel Inc., the buyer,
and **Hawoo Corporation,** the seller.

1. Business : Both parties shall act as principals, and not as agents.
2. Offers: All firm offers shall be made by cable, unless otherwise stipulated, shall remain in force for four days including the day cabled. Sundays and national holidays shall not be counted as days.
3. Acceptance: Acceptance must be made by cable within the time specified.
4. Order: An order by cable must be confirmed by cable on receipt ; subsequently a separate contract note or order sheet shall be sent by following mail. Orders thus confirmed can not be cancelled unless by mutual consent.
5. Price: Unless otherwise stated in letter or cable, prices shall be in U.S. Currency on CFR Los Angeles basis.
6. Quality: (a) Goods sold on sample shall be guaranteed by the seller to confirm exactly to sample upon arrival at destination.
   (b) Goods sold without sample shall be guaranteed by the seller to be equal to the fair average of the season's crop.
7. Quantity: Weight and quantity determined by the seller, as set forth in shipping documents, shall be final.
8. Marking : All shipments shall be marked

P&V
LOS ANGELES
MADE IN KOREA
and given running numbers.

9. Terms: Banker's Irrevocable Letter of Credit is to be opened at the time each contract is concluded. Draft is to be drawn at sight, under the Credit for the full invoice amount with full set of Shipping Documents attached, namely, Bills of Lading. Insurance Policies or Certificates, Commercial Invoices, Consular Invoices and other documents which particular contracts require.
10. Shipment: Shipment shall be made within the time specified in the contract of sale. In case of force majeure one month's delay is allowed. The date of the Bill of Lading shall be full and sufficient evidence of the date of shipment.
11. Destination: Los Angeles unless expressly specified by cables or letters. The port of discharge, however, shall be at the buyer's option in accordance with the special agreement when each contract is made.

12. Insurance: Insurance shall be effected by the seller on W.A., including risks of Theft, Pilferage and Non-Delivery for the invoice amount plus ten percent. War Risk or any other additional insurance, if required, shall be covered for account of the buyer. Policies or Certificates are to be made out in U.S. Currency, and claims payable in Los Angeles.
13. Claims: Claims, if any, shall be filed by cable within fourteen days from the date of final dischargeat destination. Certificates by recognized surveyors shall be sent by airmail without delay.
14. Arbitration: Claims and disputes, unless amicably adjusted between seller and buyer, are to be submitted to two arbitrators appointed by respective parties, whose decision both parties should accept and abide by.

This agreement shall be valid from the date of May 1, 2007

(Buyers)PFITER & VOGEL INC., LOS ANGELES

(Sellers) HAWOO CORPORATION. SEOUL

Trade Tower.30F
Samsung-dong Kangnam-ku
SEOUL, KOREA
W.T.P.O. BOX 1010
CABLE : "HAWOO" SEOUL
TEL : 81-2-6000-5353

HAWOO CORPORATION

OFFER SHEET

Messrs,

Offer No.______________
Date ______________
Ref. No. ______________

We are pleased to offer the under-mentioning article(s) as per conditions and detalis described as follows

HS	Description	Q'ty	Unit price	Amount

Origin :
Quality :
packing :
Shipment :
Inspection :
Payment :

Validity :
Remarks :

Looking forward to your valued order for the above offer, we are

Yours faithfully,

HAWOO CORPORATION

____

Trade Tower.30F
Samsung-dong Kangnam-ku
SEOUL, KOREA
W.T.P.O. BOX 1010
CABLE : "HAWOO" SEOUL
TEL : 81-2-6000-5353

HAWOO CORPORATION

PROFORMA INVOICE

Messrs,

Offer No.______________
Date ______________
Ref. No. ______________

We are pleased to offer the under-mentioning article(s) as per conditions and detalis described as follows

HS	Description	Q'ty	Unit price	Amount

Origin :
Quality :
packing :
Shipment :
Inspection :
Payment :

Validity :
Remarks :

Looking forward to your valued order for the above offer, we are

Yours faithfully,

HAWOO CORPORATION

____

저자 약력

■ 양 기 봉

- 서울대학교 경영학과 졸업
- ㈜ SKC 경리부 회계과 근무(1982 ~ 1983)
- ㈜ 대우인터내셔널 근무(1984 ~ 2001)
- ㈜ 일진 근무(2001 ~ 2002)
- 전주대학교 경영학부 겸임교수(2003 ~ 현재)
- 중소기업 해외 영업 Consulting(2003 ~ 현재)
- 주식회사 지씨씨 부사장(2010. 2 ~ 현재)

■ 임 영 세

- 서강대학교 무역학과 졸업
- 서강대학교 대학원 무역학과 졸업(경영학박사)
- 한국경영학회, 한국국제경영학회, 한국중소기업학회, 한국해운물류학회 이사역임
- 한국무역학회, 한국통상정보학회 이사 및 부회장 역임
- 전라북도 물류정책위원회 위원 역임
- 현재 전주대학교 경영학부 물류·무역 전공교수
- 전주대학교 산업경영종합연구소 소장
- 전주대학교 한 · 중경제통상연구소 소장

〈저 서〉

- 무역실무, 무역통상개론(전주대학교출판부, 공저)
- 전자상거래의 이해(학현사, 공저)

글로벌 비즈니스맨을 위한 스마트 매뉴얼 – 개정판

초 판 1쇄 발행 —— 2012년 2월 25일
개정판 1쇄 발행 —— 2016년 2월 25일
지은이 —— 양 기 봉 · 임 영 세
펴낸이 —— 전 두 표
펴낸곳 —— 도서출판 두남
서울시 강동구 성내로6길 34-16 두남빌딩
신 고 : 제25100-1988-9호
TEL : 02) 478-2065, 2066, 2067, 2311
FAX : 02) 478-2068
E-mail : dunam1@unitel.co.kr
http://www.dunam.co.kr

정가 14,000원

ISBN 978-89-6414-652-1 93320